PSICODINÂMICA DAS CORES EM COMUNICAÇÃO

CB004745

Blucher

MODESTO FARINA
CLOTILDE PEREZ
DORINHO BASTOS

PSICODINÂMICA DAS CORES EM COMUNICAÇÃO

6.ª EDIÇÃO

Psicodinâmica das cores em comunicação, 6. ed.
© 2011 Editora Edgard Blücher Ltda.

4ª reimpressão – 2021
Editora Edgard Blücher Ltda.

Blucher

Rua Pedroso Alvarenga, 1245, 4º andar
04531-934 – São Paulo – SP – Brasil
Tel.: 55 11 3078-5366
contato@blucher.com.br
www.blucher.com.br

Segundo o Novo Acordo Ortográfico, conforme 5. ed.
do *Vocabulário Ortográfico da Língua Portuguesa*,
Academia Brasileira de Letras, março de 2009.

É proibida a reprodução total ou parcial por quaisquer
meios, sem autorização escrita da Editora.

Todos os direitos reservados pela Editora Edgard Blücher Ltda.

FICHA CATALOGRÁFICA

Editora Edgard Blücher Ltda.
    Psicodinâmica das cores em comunicação/
Editora Edgard Blücher Ltda.; revisores Heliodoro
Teixeira Bastos; Clotilde Perez. 6ª ed. – São Paulo:
Blucher, 2011.

    Bibliografia.
    ISBN 978-85-212-0546-3

    1. Comunicação 2. Cor 3. Cor em publicidade
4. Cor – Psicologia 5. Cor – Visão I. Perez, Clotilde
II. Bastos, Heliodoro III. Título

10-06649   CDD-659.13

Índices para catálogo sistemático:
1. Cor: Aplicação: Propaganda   659.13
2. Cor: Aplicação: Publicidade   659.13

Ao meu marido Sérgio Bairon
Eterno amor
Aos meus filhos Pedro e Mel
A experiência do amor fundamental
Aos meus pais Agustín e Carmen
O amor em ato

Clotilde Perez

À minha esposa Maria Neusa
Aos meus filhos
Adriana e Marcelo

Modesto Farina

Ao Prof. Modesto Farina,
pelo apoio e incentivo
à minha carreira docente.

Dorinho Bastos

APRESENTAÇÃO

Conheci o Professor Modesto Farina em 1975, quando iniciei minha carreira docente no curso de Publicidade da Escola de Comunicações e Artes da Universidade de São Paulo (ECA-USP). Figura admirável e carismática, era muito querido por todos: professores, funcionários e alunos.

Pesquisador nato, com uma facilidade de expressão verbal invejável, era "plugado" no mundo. Principalmente no mundo acadêmico. Percebia as necessidades geradas pelo desenvolvimento do campo da comunicação e dava respostas inovadoras e transformadoras. E foi assim que, no início dos anos 1970, aprofundou seus estudos sobre as cores, que geraram a obra "Psicodinâmica das Cores em Publicidade". Assunto pouco explorado ainda hoje, mais de trinta anos depois, sua obra passou a ser referência para profissionais e estudantes da comunicação.

Minha admiração pela pessoa e pelo trabalho do Professor Farina foi coroada com o convite que me fez para criar a capa e as ilustrações de uma segunda edição do seu livro. Com uma ampliação das pesquisas e aprofundamento de conceitos, nasceu, em 1986, o "Psicodinâmica das Cores em Comunicação".

Vinte anos se passaram, e como a Comunicação é uma ciência viva e muito dinâmica, por consequência a obra do Professor Farina precisaria ser atualizada. Assim, honrado mais uma vez, recebo o convite da Editora Edgard Blücher para a difícil tarefa: atualizar o livro "Psicodinâmica das Cores em Comunicação" sem perder o foco da obra original, que passou a ser "ícone" das bibliografias acadêmicas das últimas décadas.

Responsabilidade tão grande, que quis reparti-la com a Professora, Dra. Clotilde Perez. Muito próxima, também professora do Curso de Publicidade da ECA-USP e da PUC-SP, especialista em Semiótica, daria uma contribuição imensa para que o conteúdo da nova obra não tivesse apenas meu olhar, mais prático.

E assim, tentando preservar o espírito e o olhar do saudoso Professor Farina, nasce agora esta nova obra. Toda revista, principalmente em sua parte final: a Cor na Comunicação, bastante atualizada.

Estamos torcendo para que ele goste do resultado.

Dorinho Bastos.
São Paulo, junho de 2006.

CONTEÚDO

parte 4

COR: SIGNO CULTURAL E PSICOLÓGICO

parte 5

A COR NA COMUNICAÇÃO

CURRICULUM

MODESTO FARINA

Professor Livre-Docente de Propaganda e Publicidade.

Professor Adjunto de Psicossociologia Publicitária e Processos Psicodinâmicos da Comunicação Publicitária.

Professor Titular de Estudo do Comportamento do Consumidor e de Psicossociologia da Motivação Publicitária da ECA-USP.

CLOTILDE PEREZ

Professora do Programa de Pós-Graduação em Ciências da Comunicação da ECA-USP.

Professora de Planejamento Publicitário e Administração Publicitária da ECA-USP.

Professora do Programa de Estudos Pós-Graduados em Administração da PUC-SP.

Doutora em Comunicação e Semiótica e Mestre em Administração de Marketing pela PUC-SP.

Assessora da Vice-Reitoria Acadêmica da PUC-SP.

Jurada do Prêmio ECA-USP de Comunicação Corporativa.

Semioticista do Instituto de Pesquisa Ipsos.

DORINHO BASTOS

Heliodoro Teixeira Bastos Filho

Professor de Comunicação Visual e Arte Publicitária do Curso de Propaganda da ECA-USP.

Professor de Criação Publicitária na Pós-Graduação em Gestão da Comunicação da ECA-USP e no MBA em Marketing da FIA/FEA-USP.

Doutor e Mestre em Ciências da Comunicação pela ECA-USP.

Sócio-Diretor do Estúdio K Arquitetura e Comunicação Visual.

Cartunista, desde 1975 é colaborador da *Revista Propaganda* e do jornal *Propaganda e Marketing*.

Membro efetivo do corpo de jurados do Prêmio Colunistas de Propaganda.

OBRAS DOS AUTORES

Clotilde Perez

Signos da Publicidade. (organizado com Ivan Santo Barbosa). São Paulo: Thomson Learning (no prelo).

"Semiótica Peirceana da Marca". In LENCASTRE, P. (org.). A Marca. Lisboa: Dom Quixote, 2006.

"Marketing e o Terceiro Setor: Contribuições Recíprocas". In CAVAL-CANTI, M. (org.). *Gestão Social, estratégias e parcerias.* São Paulo: Saraiva, 2006.

Signos da Marca. Expressividade e Sensorialidade. São Paulo: Thomson Learning, 2004.

"A Comunicação da Completude: A Busca do Objeto de Desejo". In *Revista Mackenzie Educação, Arte e História da Cultura,* ano 3/4, São Paulo, 2003/2004.

Comunicação & Marketing. Teorias da Comunicação e Novas Mídias (coautoria com Sérgio Bairon). São Paulo: Futura, 2002.

"O Marketing e o Terceiro Setor". In Las Casas (org.). *Novos Rumos do Marketing.* São Paulo: Atlas, 2001.

Modesto Farina

Psicodinâmica das Cores em Comunicação. São Paulo: Blucher, 1986, 2ª ed.

Psicodinâmica das Cores em Comunicação. São Paulo: Blucher, 1982, 1ª ed.

Atlas Guia Serra Negra. São Paulo: EBRAESP, 1976. Aspectos do Marketing e da Publicidade na América Latina (coautoria com Carlos Del Nero Filho). São Paulo: Blucher, 1981.

Análise Psicológica do Ser Humano (Uma Introdução à Psicologia Publicitária) São Paulo: ECA-USP, 1971, 1ª e 2ª ed. - esgotadas. *Psicodinâmica das Cores em Publicidade* - São Paulo, EDUSP e Blucher, 1975.

As Cores em Publicidade. São Paulo: ECA-USP, 1970 (1ª ed.) ,1971 e (2ª ed.).

En Viaje por la Argentina - Atlas histórico, geográfico e econômico da Argentina. Buenos Aires: Casa Editorial Far, 1952.

Dorinho Bastos

"Direção de Arte". In PEREZ, C. & SANTO BARBOSA, I. (orgs.) *Signos da Publicidade.* São Paulo: Thomson Learning (no prelo).

Humor de Placa, 25 anos de Humor na Propaganda. São Paulo: Ideiametro, 2001.

"Marketing Ambiental". In COMIN VARGAS, E. (org.) *Novos Instrumentos de Gestão Ambiental Urbana.* São Paulo: Edusp, 2001.

Um Traço Tricolor. São Paulo: São Paulo Futebol Clube, 1999.

OutDorinho. São Paulo: Central de Outdoor, 1992.

Dona Zezé, A Moça do Café. São Paulo: CBBA-Propeg, 1990.

parte 1

A NATUREZA, O HOMEM, A COR

Se nos perguntarem: "Que significam as palavras vermelho, azul, preto, branco?", podemos, bem entendido, mostrar imediatamente coisas que têm essas cores. Mas a nossa capacidade de explicar o significado dessas palavras não vai além disso.

Ludwig Wittgenstein
Bemerkungen über die Farben

1 — A IMERSÃO NAS CORES

Color, dizia o latino, na antiga Roma, para comunicar o que hoje nós chamamos "cor"; os franceses, *couleur,* os espanhóis, *color,* os italianos, *colore* — tudo para expressar uma sensação visual que nos oferece a natureza através dos raios de luz irradiados em nosso planeta. Tecnicamente a palavra "cor" é empregada para referir-se à sensação consciente de uma pessoa cuja retina se acha estimulada por energia radiante.

A cor é uma onda luminosa, um raio de luz branca que atravessa nossos olhos. É ainda uma produção de nosso cérebro, uma sensação visual, como se nós estivéssemos assistindo a uma gama de cores que se apresentasse aos nossos olhos, a todo instante, esculpida na natureza à nossa frente.

Os olhos, portanto, são nossa "máquina fotográfica", com a objetiva sempre pronta a impressionar um filme invisível em nosso cérebro.

Se abrirmos conscientemente os olhos ao mundo que nos rodeia, veremos que vivemos mergulhados num cromatismo intenso, e o homem moderno, ao lado de arquiteturas de concreto e de aço cinzento, não consegue separar-se dele, porque nele vive, por ele sente satisfação e amor.

As cores influenciam o ser humano, e seus efeitos, tanto de caráter fisiológico como psicológico, intervêm em nossa vida, criando alegria ou tristeza, exaltação ou depressão, atividade ou passividade, calor ou frio, equilíbrio ou desequilíbrio, ordem ou desordem etc. As cores podem produzir impressões, sensações e reflexos sensoriais de grande importância, porque cada uma delas tem uma vibração determinada em nossos sentidos e pode atuar como estimulante ou perturbador na emoção, na consciência e em nossos impulsos e desejos.

Percebemos que as cores assumem polarizações de sentido. Em determinado contexto, estão carregadas de sensações positivas e, em outro, podem assumir sensações absolutamente negativas.

Explicar o que representamos com a cor e por que representamos é um problema muito mais complexo do que aparenta. De fato, a cor está amplamente relacionada com os nossos sentimentos (aspectos psicológicos), ao mesmo tempo em que sofre influência da cultura, tornando-se símbolo, além dos aspectos puramente fisiológicos.

Talvez não seja possível enunciar pares concretos entre uma cor determinada e um sentimento específico, tantas são as interferências possíveis, mas ao longo dos séculos muitas foram as tentativas nesse sentido e numerosas as coincidências.

As cores, por meio de nossos olhos e do cérebro, fazem penetrar no corpo físico uma variedade de ondas com diferentes potências que atuam sobre os centros nervosos e suas ramificações, e que modificam não somente o curso das funções orgânicas, mas também nossas atividades sensoriais, emocionais e afetivas.

O estudo das cores na comunicação e no marketing permite conhecer sua potência psíquica e aplicá-la como poderoso fator de atração e sedução para identificar as mensagens publicitárias sob todas as formas: apresentação de produtos, embalagens, logotipos, cartazes, comerciais, anúncios etc. Na indústria as cores são utilizadas com o objetivo de criar uma atmosfera adequada, estimular o rendimento no trabalho e fazer com que as tarefas sejam mais gratificantes.

A cor de uma apresentação (embalagem, rótulo, logotipo...) deve estar de acordo com o caráter e a qualidade do conteúdo/conceito e deve ser ajustada com os requerimentos psicológicos e culturais do público a que se destina. Apesar de a maior parte das pessoas não ter consciência disso nem tampouco da carga simbólica da cor, todos nós, quando nos deparamos com cores "positivas" e bem combinadas, reagimos favoravelmente e nos deixamos levar pela atração que elas exercem sobre os nossos sentidos.

A linguagem da cor é um meio atrativo que atua sobre o subconsciente dos consumidores, permitindo sua utilização alinhada com os objetivos estratégicos dos produtos e das empresas.

O azul do céu, o verde das folhas, o colorido deslumbrante das flores, os diversos tons das águas do mar e a natureza toda impõem suavemente o mundo da cor.

O homem vive eternamente com suas sensações visuais, oferecidas pelo ambiente natural que o rodeia e por ele mesmo, pela realização de suas obras, embora a maioria surja da produção visual comercial e artística.

Os mais sensíveis arquitetos e decoradores da atualidade tendem a colorir um pouco mais o mundo para quebrar os frios e deprimentes espaços cinzentos das grandes cidades. É uma preocupação talvez muito bem compreendida e manifestada pelos próprios publicitários, que se esmeram em apresentar peças de propaganda em multivariadas cores, a fim de despertar maior atenção do público consumidor.

É uma preocupação antiga do homem desejar sempre reproduzir o colorido da natureza em tudo que o rodeia. Isso compreende um profundo sentido psicológico e também cultural. Parece ser exatamente uma das necessidades básicas do ser humano, que se integra nas cores como misterioso catalisador, do qual brota energia para um dinamismo sempre mais crescente e satisfatório.

Foi justamente nesse sentido que os criadores da propaganda comercial sentiram a cor como atração psicológica do homem, algo que faz parte de sua vida. A História do homem integra, de fato, esse importante aspecto e sua recordação se perde nos tempos.

O homem mergulhou nas cores desde o começo de sua História, mas lembraremos aqui apenas as civilizações mais antigas, como China, Índia, Egito e outras, que percebiam na cor um profundo sentido psicológico e sociocultural. Cada cor era um símbolo carregado de sentido.

Possuído pela ideia do misterioso, dentro de um sentido cósmico, em busca de algo além de suas fronteiras cognitivas, o homem procurou, entre as manifestações deslumbrantes de luz e de força da natureza, um deus ou deuses. E a estes o homem ligava a ideia da luz solar, o azul-esverdeado dos mares, o azul-esbranquiçado das nuvens na imensidão dos céus, as cores do arco-íris, que de vez em quando se apresentava como emanação divina num céu turbulento. As cores faziam parte, assim, mais das necessidades psicológicas e culturais do que das estéticas, e as que mais surpreendiam aos olhos humanos eram usadas para enriquecer a presença de príncipes e reis, sacerdotes e imperadores, por meio dos deslumbrantes vestuários e ornamentos que lhes eram atribuídos.

O amarelo, o branco, o vermelho e o azul parecem ter sido as cores preferenciais na Antiguidade. Só mais tarde os gregos acrescentaram o preto, especialmente utilizado na arquitetura da época.

Figura 1
Igreja da Cora em Constantinopla.

A Roma Imperial utilizava a cor branca num sentido nefasto, mas não podemos esquecer o brilho artístico da época de Augusto numa sóbria coloração de suas peças. Mais tarde, o romano começou a utilizar cores mais vivas, com predominância de laranja, púrpura, azul e amarelo. O dourado era utilizado como elemento emocional para aproximação à peça artística. Em geral, a pintura da época romana se ressente do naturalismo helenístico, como pudemos observar entre os inúmeros afrescos de templos antigos e os da antiga Pompeia, que admiramos no Museu Nacional de Nápoles, na Itália. As cores desse período eram sóbrias, prevalecendo o ocre e o verde, em tonalidades suaves e cálidas, em contraposição a outros afrescos em que predominavam o vermelho e a púrpura de vários tons.

A própria arte bizantina, essencialmente religiosa, procurou o refinamento das cores, empregando tons vivos em todas as suas manifestações artísticas. Como exemplos maravilhosos do uso da cor, são dignos de nota os inúmeros mosaicos da Igreja da Cora, em Constantinopla, os tecidos coloridos do século XI ao XIV, executados de maneira sóbria e íntima, as encadernações estupendamente coloridas, mescladas com pedras preciosas (topázios, rubis etc.), ícones e miniaturas em que predominam as cores púrpura, laranja, verde e azul.

Figura 2
Ressurreição de Lázaro, Giotto di Boncrone.

Figura 3
O casamento, Paolo Veronese.

Nas artes visuais, a cor não é apenas um elemento decorativo ou estético. É o fundamento da expressão sígnica. Está ligada à expressão de valores sensuais, culturais e espirituais.

Entre os pintores cujas figuras valorizavam forma e cor encontra-se Giotto (1266-1337), que pintava personagens e objetos em sua cor ambiental. A cor para Giotto tinha se tornado um meio para caracterizar as coisas naturais.

Paolo Cagliari, chamado Veronese (1528-1588) por ter nascido em Verona, foi um grande pintor veneziano que praticou a mais radical identificação da luz nas cores.

A partir da Renascença, a cor passou a ser elemento individualizador da obra artística. Por exemplo, a pintura de El Greco (1540-1614), em que as cores são caracterizadas por tonalidades escuras. Nos séculos XVII e XVIII, a cor praticamente acompanha a forma dos objetos criados, procurando-se certa sofisticação — especialmente se falarmos da arquitetura dessa época — pela utilização do violeta, do azul-claro, da púrpura e especificamente do dourado como resultado final da peça.

Figura 4
As meninas, Diego Velázquez.

Figura 5
Os girassóis, Vincent Van Gogh.

Vincent Van Gogh (1853-1890), pintor holandês nascido em Zundert, deu a seus quadros sensações cromáticas intensas e deslumbrantes, que correspondem a fortes cargas emotivas e psicológicas. Já o pintor parisiense Georges Seurat (1859-1891) tinha a habilidade de multiplicar a vibração luminosa em suas pinturas pela justaposição das pinceladas de cor. Ele achava que podia, desse modo, sensibilizar mais seus admiradores.

No século XIX, a cor atravessa uma nova fase em sua aplicação. Ela deve suscitar a sensibilidade do espectador, especialmente quando o artista representa, em sua obra, objetos ou fenômenos da natureza. É algo semelhante ao que observamos em alguns anúncios publicitários da época atual, em que se procura tocar a sensibilidade do homem contemporâneo ao se apresentarem, como fundo do anúncio, lindas paisagens coloridas, cascatas efervescentes de azul e branco, e assim por diante.

O Barroco conferiu à cor um caráter dinâmico, enquanto o Romantismo procurou as cores espirituais e tranquilas das paisagens.

O Impressionismo talvez tenha sido o movimento artístico que mais trabalhou com as cores; representou, para muitos críticos, a verdadeira revolução cromática na pintura. Uma revolução porque primeiramente supôs uma revalorização dos elementos cromáticos e da luz natural, controlados e modificados a seu gosto até então por artistas dentro de seus ateliês. Este novo modo de atuar supunha uma concepção revolucionária de como era pintar ao ar livre, o *plein air* — receber a realidade cotidiana tal como se apresentava, e de forma transcendental, entender que a cor real é algo físico, mas que o que percebemos é o resultado de uma experiência psicológica individual.

A cor, como veremos, se recebe de diversas formas, não apenas em função da luz, mas também das outras cores que a rodeiam.

O Impressionismo também revolucionou o ambiente artístico de Paris em 1874, ao mostrar pinturas em lugares tão pouco convencionais para exposições das chamadas "Belas-Artes", como o salão do fotógrafo Nadar.

Do grupo de pintores que se reuniam no café Guerbois e saíam pintando as cenas do entorno de Paris, sempre nas proximidades do rio Sena, Argenteuil, Asnières, Bougival e Grenouille, além de Monet, foram os que mais frequentaram os bailes populares do Moulin de la Galette. Desses, o mais destacado e audaz em sua visão e técnica pictórica era Monet.

Claude Monet (1840-1926) foi amigo de Renoir desde os tempos em que frequentavam o mesmo estúdio e juntos pintavam as mesmas paisagens e temas. Sentia uma grande admiração por Edouard Manet, em cujo *Café da manhã sobre a erva* se inspirou para pintar quatro anos depois uma versão monumental com o mesmo tema (Museu D'Orsay — Paris). A partir do título de seu quadro *Impression, soleil levant* (1872), exposto na primeira exposição do grupo, surgiu a denominação "impressionismo" para denominar o estilo desses pintores.

A preocupação de Monet em captar os matizes mutantes da luz em distintas horas do dia e em diferentes épocas do ano levou-o a pintar séries sobre um mesmo tema, porque dessa maneira poderia comparar as diferentes nuanças cromáticas. Na obra *La stación de Saint Lazare*, capta os efeitos da luz, a fumaça e o vapor que fundem silhuetas das locomotivas em uma atmosfera envolvente.

Outros nomes encantadores e representativos do espírito e da estética impressionista são: Auguste Renoir (1841-1919), Camile Pissarro (1830-1903), Edgar Degas (1834-1917), Paul Cézanne (1839-1906) etc.

Figura 6
Café da manhã sobre a erva,
Edouard Manet.

Figura 7
Igreja da Pampulha, azulejos de Portinari.

Segundo alguns especialistas, o problema estético das cores, tão trabalhado nas artes plásticas, está de acordo com três pontos de vista essenciais: óptico-sensível (impressivo), psíquico (expressivo) e intelectual-simbólico ou cultural (estrutural). A utilização simbólica das cores está presente em todas as civilizações baseadas numa ordem mítica ou religiosa.

No século XX, os arquitetos buscam novos critérios: uma integração da cor com a forma.

Segundo a teoria da forma, a *Gestalt,* a percepção humana é um conjunto coordenado de impressões e não um grupo de sensações isoladas. Várias experiências da Psicologia da Forma são incorporadas ao repertório de artistas e arquitetos. Uma parede vermelha pode "avançar"; uma parede azul-clara, "afastar-se"; uma parede amarela, "desaparecer". Propõe-se o uso integral da cor e da forma.

Nesse sentido, são apontadas duas maneiras de ação:

a) a manutenção das cores do material em si, sem revestimento;

b) a aplicação, sobre superfícies e volumes, das tintas preparadas industrialmente ou a utilização das cores de produtos industrializados.

No Brasil, são famosos os azulejos azuis de Portinari, na Igreja da Pampulha, em Minas Gerais.

Na segunda metade do século XX, os urbanistas procuraram equilibrar as cores nas edificações, na comunicação visual e nos meios de transporte.

E também a Publicidade, em seu afã de motivar mais o público consumidor, tomou o exemplo do passado longínquo para oferecer luz e cores às noites tristes e sombrias das metrópoles, enriquecendo com inúmeras alternativas, na multivariedade da aplicação do colorido, os edifícios e arranha-céus, que desafiam a escuridão das grandes cidades.

Talvez a nossa cultura esteja nos levando a uma nova civilização visual, como a vivida pelo homem medieval, tão dominado pelo ícone religioso quanto o homem moderno (ou pós-moderno) é dominado pelo ícone publicitário.

Figura 8
Outdoor sequencial. Avenida Faria Lima, São Paulo. Foto de Clotilde Perez, 2005.

Figura 9
Outdoor da campanha publici-
tária: O Itaú foi feito para você.
Avenida Faria Lima, São Paulo.
Foto de Clotilde Perez, 2005.

A linguagem da imagem, usando a presença sugestiva, concreta, cômoda e persuasiva do quali-signo icônico, apoia-se na ideia de que as imagens são forças psíquicas e simbólicas que podem ser mais fortes que as experiências que chamamos reais.

As mutações psicológicas que a formação visual provoca nos frui-dores da imagem vão repercutir no campo sociológico, criando uma nova forma de estar no mundo e de viver.

É na captação desse fenômeno que a Publicidade se apoia para realizar sua função primordial: contribuir para a venda, construir uma imagem, perpetuar o interesse.

Figura 10
Mídia exterior: parada de ôni-
bus. Avenida Cardoso de Almei-
da, São Paulo. Foto de Clotilde
Perez, 2005.

Podemos dizer que vivemos numa iconosfera, na qual o indivíduo penetra e vive desde que nasce. Afirma-se que um homem passa anual-mente mais de duas mil horas diante da imagem eletrônica, quer sejam imagens apresentadas pela televisão, pelo computador, pelo *palm*, ou as apresentadas pelo celular e por todas as outras possibilidades de imagem eletrônica. Sabemos que isso tende a aumentar ainda mais com a utilização dos novos recursos propiciados pela tecnologia e pela convergência de mídias. A integração de imagens em eletrodomésticos já é uma realidade inconteste: um exemplo interessante é a tela plana acoplada a um refrigerador. É evidente que, na força comunicativa da imagem, o que predomina é o impacto exercido pela cor. Nem a capta-ção instantânea da forma do objeto pode produzir o impacto emocional que nos é proporcionado pela cor.

Figura 11
Vitral, elemento decorativo utilizado por várias culturas, estilos
e épocas.

2 — OS VITRAIS COLORIDOS

É interessante observar como o homem, desde os tempos mais re-
motos, tentou aplicar as cores às coisas que ele criava, como artefatos,
vestuário, decorações várias para todas as necessidades. Vejamos, por
exemplo, os vitrais, que hoje admiramos nos templos religiosos, museus,
residências, palácios e monumentos diversos, dando um toque refina-
do e alegre à visão humana. O uso dos vitrais começou no território
itálico. Pompeia e Herculano, na Itália, no primeiro século de nossa
era, já conheciam a arte de fazer vitrais para suas luxuosas residências.
Mais tarde, os sacerdotes da Igreja Católica começaram a decorar os
primeiros templos cristãos — no início geralmente altos e imensos,
mas com aspecto interno acinzentado —, que foram mudando de aparência graças à colocação de enormes e alongados vitrais coloridos. O
povo ali reunido sentia-se, assim, mais predisposto ao recolhimento e
à meditação. Bizâncio era praticamente colorida pelos vitrais de seus
luxuosos palácios na época do império.

Periodicamente, os estilos dos vitrais coloridos mudavam na aplicação de suas cores, predominando o azul e o vermelho já antes do
século XII. A partir do século XIII, as cores aplicadas eram mais vivas,
enriquecidas e sombreadas, chegando mais tarde a ter vidros amarelos,
com cores mais leves e brilhantes. Em 1900, já temos uma renovação
de estilos, que leva a uma verdadeira evolução do vidro colorido de
um vitral antigo a um lustre ou a uma cúpula para iluminação. Essa
renovação manifestou-se com os vitrais do dramaturgo e pintor Stanis-
law Wyspianski (1869-1907), na Cracóvia, de Grasset, em Paris, e de
tantos outros, como os de Maurice Denis (1870-1943), que fundou os
ateliês de arte sacra, ou de Georges Desvallières (1861-1950), pintor
francês com muitas obras de inspiração religiosa. Os ateliês de arte
sacra difundiram-se na França, Alemanha, Suíça, Itália e outros países,
permitindo voltar às investigações destinadas a criar uma arte do vitral
conforme as tendências da arte moderna. Depois de 1920, a evolução
da pintura europeia em direção ao cubismo e, mais tarde, para a arte
abstrata, favoreceu todas essas tendências.

3 — UTILIZAÇÃO DA COR

O impacto que a cor já traz implícito em si, de eficácia indiscutível, não pode, entretanto, ser analisado arbitrariamente pela mera sensação estética. Ele está intimamente ligado ao uso que se fará do elemento cor.

Essa utilização está em relação direta com as exigências do campo que a explora, seja nas áreas da Educação, Prevenção de Acidente, Decoração, Medicina, Comunicação, Produção, Moda, Arte, Trânsito e tantas outras.

Cada um desses campos utiliza uma linguagem específica que explicita seus pontos de vista e por meio da qual procura atingir os objetivos propostos. Isto torna o estudo da cor uma necessidade dentro dos cursos que se voltam à comunicação e à comunicação visual, principalmente ao compreendermos que as pesquisas nesse setor se apoiam nos fundamentos científicos da Fisiologia, Psicologia, Sociologia, Semiótica e das Artes.

Neste trabalho, pretendemos analisar a cor apenas em função da comunicação, focalizando as leis que regem o seu domínio, para que ela se torne um instrumento eficaz e consequente nas mãos dos que a manejam.

Consideremos as amplas possibilidades que a cor oferece. Seu potencial tem, em primeiro lugar, a capacidade de liberar as reservas da imaginação criativa do homem. Ela age não só sobre quem fruirá a imagem, mas também sobre quem a constrói.

Sobre o indivíduo que recebe a comunicação visual, a cor exerce uma ação tríplice: a de **impressionar**, a de **expressar** e a de **construir**. A cor é vista: impressiona a retina. E sentida: provoca uma emoção. E é construtiva, pois, tendo um significado próprio, tem valor de símbolo e capacidade, portanto, de construir uma linguagem própria que comunique uma ideia.

A ação de cada cor isolada é a base sobre a qual diversos valores são harmonizados. Kandinsky (1969) afirma que a cor exerce uma influência direta: "A cor é o toque, o olho, o martelo que faz vibrar a alma, o instrumento de mil cordas".

O artista é, assim, a mão que, com a ajuda do toque exato, obtém da alma a vibração justa.

Fernand Léger, pintor francês ícone do movimento cubista, afirma que cada pessoa tem a sua cor em seu aspecto consciente ou inconsciente, e que ela se impõe na escolha dos dispositivos diários, isto é, em tudo aquilo que o homem utiliza no seu dia a dia. Kandinsky chamava a isso "princípio da necessidade interior".

Em outros termos, já que o fator psicológico domina a eurritmia do pulsar do mundo, das vivências ativas e passivas na marcha diária do existencial humano, a cor, produto de nossa sensação visual, tornou-se pelos múltiplos aspectos de sua aplicação uma realidade plástica, uma força surpreendente que torna, muitas vezes, ativas e realizadas as intenções do homem.

4 — SINTAXE DAS CORES

Na realidade, a cor é uma linguagem individual. O homem reage a ela subordinado às suas condições físicas e às suas influências culturais. Não obstante, ela possui uma sintaxe que pode ser transmitida, isto é, ensinada. Seu domínio abre imensas possibilidades aos que se dedicam ao estudo dos inúmeros processos de comunicação visual.

Essa sintaxe rege os elementos que constituem a mensagem plástica: a cor possui, como a luz, o movimento, o peso, o equilíbrio e o espaço, leis que definem a sua utilização.

Sabemos que seu valor de expressividade a torna um elemento importante na transmissão de ideias. Não ignoramos, também, que a reação do indivíduo a ela não tem fronteiras espaciais ou temporais. O impacto produzido pela cor não sofre as barreiras impostas pela língua. Sua mensagem pode ser compreendida até por analfabetos, se aqueles que a manejam souberem adequá-la ao fim proposto.

Nossa pretensão, como dissemos, é enfocar também o campo publicitário. E, nessa tentativa de estruturar conceituações de princípios fundamentais sobre o uso da cor, baseamo-nos, em parte, nos elementos fornecidos pela Psicologia da Forma, intitulada *Gestalt*.

Mas uma última advertência se faz necessária: não devemos nos esquecer de que a *organização ótima,* isto é, aquilo que a *Gestalt* chama "a boa forma", é também um dado da cultura. Mesmo o estudo das leis que regem o domínio da cor está de certa forma vinculado ao contexto psicológico e, consequentemente, não é universal. Mas a mensagem dirigida tem outras conotações que precisam ser conhecidas para serem assimiladas integralmente.

Além disso, é fato comprovado que as regras gestálticas produzem um trabalho leve, suave e *clean.* Mas não convém nos esquecermos de que a supervisualização dos resultados da obra pode conduzir a uma limitação no setor da criatividade e a fazer descer o nível de transmissibilidade ou comunicabilidade da mensagem. O artista precisa possuir, também, uma flexibilidade que lhe permita tirar proveito dos "incidentes infelizes", nas palavras de Ehrenzweig (1969).

Um indivíduo mentalmente rígido pode ficar perturbado se algo sai de seu esquema, ao passo que um que possua plasticidade maior poderá usar o "incidente infeliz", transformando-o num elemento novo, em uma oportunidade com um sentido mais rico, profundo e certamente criativo.

É preciso, pois, saber que o conhecimento da sintaxe que rege o domínio da cor é tão importante para aquele que se comunica por meio da linguagem plástica como a harmonia o é para o músico. Apenas isso, entretanto, não produzirá a chama da comunicabilidade: o dedo do artista é insubstituível, especialmente no campo publicitário, a fim de dar à cor o movimento, o peso psicológico, o equilíbrio e o espaço para que ela se defina e se transmita dentro de um processo psicossociológico.

5 — CRIAÇÃO DO ESPAÇO POR MEIO DA COR

Falando de seu quadro *A cidade,* Fernand Léger afirma que "foi possível, sem claro-escuro e sem modulação, obter profundidade e dinamismo" (1969).

A espessura da linha, a posição da imagem em relação à superfície, a sobreposição, a perspectiva são maneiras de solucionar o problema do espaço dentro de um plano bidimensional. A cor permite obter o mesmo efeito, isto é, a cor *pode criar um espaço.*

Figura 12
Quadro "A cidade", de Fernand Léger.

Figura 13
A sala com o teto claro parece mais ampla.

Toda cor possui uma ação móvel. As distâncias visuais tornam-se relativas. O campo torna-se elástico. Uma parede preta parece aproximar-se. Em decoração, usava-se no passado, por exemplo, pintar de preto o forro de uma sala. Ele parece mais baixo, e a sala, mais acolhedora; já se pintarmos as paredes de cores claras, elas "recuarão", ficando o ambiente mais amplo.

A cor é uma força poderosa. Ela age de acordo com uma espécie de lei, pois não podemos negar que, do ponto de vista sensorial, as cores recuam ou avançam – pois causam em nós essa impressão.

O próprio volume de um objeto pode ser alterado pelo uso da cor. Uma superfície branca parece sempre maior, pois a luz que reflete lhe confere amplidão. As cores escuras, ao contrário, diminuem o espaço.

Figura 14
A sala com o teto escuro parece
mais baixa.

A cor pode ser um elemento de peso. Uma composição pode ser equilibrada ou desequilibrada, dentro de um espaço bidimensional, pelo jogo das cores que nele atuam. Esse equilíbrio pode ser proporcionado pelas sensações suscitadas pela cor, adequando cada uma ao espaço que deve ocupar: as cores quentes necessitam de um espaço menor, pois se expandem mais; as cores frias necessitam mais espaço, pois se expandem menos.

A cor é uma *condição* e, como tal, uma característica do estilo de vida de uma época — integra uma determinada maneira de ver as coisas. É inegável que toda cor tem um espaço que lhe é próprio, mas é também inegável que esse espaço faz parte da cor, de acordo com as concepções culturais que o fundamentam.

O vermelho, por exemplo, tem uma representação vibrante, o amarelo, de expansão, e o azul, de fechamento, de vazio.

6 — CONTRIBUIÇÃO DA COR NA PESQUISA CIENTÍFICA

Nas experiências de laboratório, a cor é um valioso auxiliar para averiguação de determinados microrganismos. Tingindo preparados, podemos visualizar melhor as bactérias e vírus.

Quando, para pesquisas de bacilos de tuberculose, os esfregaços são tingidos de azul — o azul-de-Gabett —, nota-se que os bacilos de Koch se tornam vermelhos, e as outras bactérias, azuis.

As larvas das moscas e dos besouros morrem sob a influência da luz verde; a luz vermelha estimula as funções orgânicas do homem e favorece a marcha da catapora, sarampo e escarlatina; a luz anilada tem poder analgésico; a luz azulada faz perecer as plantas, enquanto a vermelha as torna mais vigorosas.

Reginald Roberts, conhecido cromoterapeuta inglês, dizia que o excesso do amarelo pode produzir indigestões, gastrites e úlceras gástricas; certas variações do verde, doenças mentais e nervosas; variações do vermelho, doenças do coração e reflexos na pressão arterial; o excesso de azul, pneumonia, tuberculose pulmonar e pleurisia.

Por tais motivos, os laboratórios farmacêuticos dão cor apropriada aos comprimidos e cápsulas, relacionando-os às doenças mencionadas.

Outros cientistas, como o médico italiano Plancus (1952), afirmam que existe mesmo relação entre as cores e as doenças: o azul ajudaria contra doenças dos olhos, ouvidos, nariz e pulmões; o vermelho, para estômago, fígado e baço; o verde, para o sistema nervoso e aparelho digestivo.

No campo da Biologia, observações concluíram que há uma íntima relação entre a cor e as funções biológicas. A cor da fruta, por exemplo, é índice de maturação e provém da luz e calor do Sol.

A cor da pele dos indivíduos muda segundo o tempo de exposição às irradiações solares. Ela identifica também as várias etnias humanas e pode, às vezes, denunciar doenças, como o amarelo característico das enfermidades renais e hepáticas.

Ainda segundo outros cromoterapeutas, as cores amarela e café devem ser evitadas no interior de um avião, porque produzem enjoo; uma sala de jantar pintada com cores alegres estimula o apetite; e um dormitório em tons suaves se torna mais repousante e confortável.

A fotografia integrou a cor em sua captação da realidade ambiente e o cinema a tem explorado com grande êxito comercial e artístico ao longo de décadas.

Graças aos progressos da eletrônica, o uso da cor se tornou possível na TV, ainda nos anos 1960; ela é hoje um dos maiores instrumentos nas mãos dos publicitários, que se valem, sobretudo, de seu poder sinestésico sobre a emotividade humana. Mas tem sido, também, um instrumento eficaz nos meios universitários, na transmissão de experiências psicológicas e médicas, nas quais constitui fator relevante.

QUADRO 1

Investigações realizadas por cientistas cromoterapeutas confirmam os seguintes efeitos das cores nos reinos vegetal e animal:

Luz verde: acaba com as larvas das moscas e dos besouros.
Luz azulada: acaba com as plantas.
Luz vermelha: torna as plantas mais vigorosas.
Cor na fruta: índice de maturação, que provém da luz e calor do Sol.
Cor violeta: poderoso germicida.

QUADRO 2

Para a cútis: quanto mais rosada a cútis e pretendendo-se utilizar o verde, este deve ser um tanto azulado. O verde enriquece a cor delicada da pele.
Mulheres com cútis morena, cabelos preto-azulados e olhos castanho-escuros: combinam com elas todas as tonalidades do amarelo e o laranja para enfeites.
Para uma loura avermelhada: utilizar verdes bem fracos ou azul.
Pessoa morena: pode utilizar o vermelho.

7 — A COR E A INFLUÊNCIA CLIMATOLÓGICA

A escolha da cor é inegavelmente influenciada pelo clima, e isso se evidencia de várias maneiras.

Para sentir-se menos calor, nas regiões quentes ou no verão, recomenda-se o uso de roupas brancas, amarelas, azuis e verdes de tonalidades claras, cores essas que refletem os raios solares.

O inverno requer a utilização do preto, de tonalidades escuras do azul, do cinzento e do marrom, porque essas cores absorvem mais o calor.

Em grandes traços, é isso que vemos acontecer. O homem se volta instintivamente para o uso da cor que, de uma certa maneira, o clima lhe impõe. Mas há, nesse setor, uma influência que é inegavelmente poderosa: a *moda.* Vamos notar então que mais imperativo do que a influência climatológica são os caprichos e desejos dos que criam a moda. Facilmente, os critérios acima, que seriam lógicos, podem ser mudados por um costureiro ou uma modelo de renome. Poderíamos então ver acontecer, hipoteticamente, o seguinte:

"Gisele Bündchen decreta o uso do branco para este inverno". Aconteceria, então, uma contradição flagrante do que seria o óbvio.

É inegável que a cor desempenha um papel preponderante na moda. A maior parte das vezes não dizemos: "Neste verão vai se usar tal modelo"; mas sim: "A cor que vestirá as mulheres elegantes neste verão será o 'preto' ". É como há alguns anos, quando vimos "o vestido pretinho", que, inclusive, era apanágio das ocasiões mais elegantes, ser usado até mesmo para as compras na feira, em pleno verão, numa flagrante oposição à lógica.

Nesse âmbito, constata-se que, efetivamente, a relação cor-modelo é modificada pela cultura da época. A moda faz a cor se desligar da influência climatológica, mas a submete ao processo que caracteriza a sociedade de consumo em que vivemos. Ela passa a funcionar dentro de um sistema preestabelecido, cuja função principal é *vender* e cuja característica mais marcante é reforçar qualquer uso obsoleto, dentro do mais curto prazo de tempo, impelindo o indivíduo a *comprar* para suprir novas necessidades que surgem.

No campo da Arte, a influência do clima traduz-se na maneira como a cor é utilizada. Não precisamos ir muito longe. Basta analisar, dentro do Brasil, a arte do nordestino em confronto com a do sulista.

O artista do norte, vivendo dentro de um cromatismo intenso causado pelo causticante Sol da zona equatorial, reflete na sua arte os tons luminosos e intensos de sua paisagem. Também nas roupas coloridas e vibrantes o nordestino impõe sua marca e se encrudece quando, instalado por esses lados do sul, não pode mais usar sua calça vermelha… Ao inclinar-se para o uso exagerado da cor nos seus tons, contrasta frontalmente com o sulista, voltado às cores frias, que exprimem muito mais suas reações por meio da captação da forma.

Podemos facilmente exemplificar isso. Há no nordeste uma plêiade de artistas que justificaria plasticamente nossa afirmativa. Citemos alguns: Genaro e suas tapeçarias de cores legerianas; no mesmo esquema, Kennedy, também na Bahia; e, no Recife, Francisco Brennand e Lula Cardoso Aires, com seus painéis de cerâmicas vibrantes.

Em contraposição, temos, em São Paulo, uma Maria Bonomi que se expressa muito mais por meio da pesquisa formal e do uso moderado da cor.

Figura 15
Painéis cerâmicos de Francisco Brennand.

Figura 16
Escultura de Maria Bonomi.

Figura 17
Também o preto e o cinza nos sensibilizam. Vejam este bico de pena em nanquim da pintora Sônia Del Nero.

Óleos, aquarelas, pastéis de Sônia Del Nero, em São Paulo, expressam calor e frio, conforme os ambientes e as estações do ano. Com uma só cor, Sônia consegue que uma forma tome vida e vibre.

No nordeste, o clima quente induz ao uso apaixonado e romântico da cor violentamente pura. Já no sul, impera o racionalismo frio, que caracteriza especialmente a pesquisa formal do artista plástico paulista.

É óbvio que isso se reflete e se refletirá cada vez mais no âmbito publicitário, pois, inserindo-se no meio ambiente, a cor adquire condições de atingir o indivíduo naquilo que ele tem de mais profundo: suas raízes nativas.

Para sentir menos calor:

No verão ou nas regiões quentes: usar roupas brancas, azuis e verdes de tonalidades claras, amarelas etc.

Para sentir mais calor:

No inverno ou nas regiões frias: usar roupas pretas ou de tonalidades escuras do azul, cinzento, marrom etc.

* * * * * *

Cores com tonalidades luminosas e vibrantes:
Muito usadas pelos artistas do norte do Brasil.

Cores moderadas e cores frias:
Muito usadas pelos artistas do sul do Brasil.

8 — VISIBILIDADE E LEGIBILIDADE DE TIPOS E DE CORES

A cor é o meio de identificação em numerosos objetos, coisas e letras. Quando um título, uma marca, uma nota de advertência ou uma informação são realizados em cores, torna-se necessário verificar a sua cor de fundo para se estabelecer e sentir o contraste entre eles.

A legibilidade e a visibilidade de certos detalhes facilitam a sua feitura e memorização e, segundo a forma dos detalhes, é preciso adequar a cor principal para a realização do contraste.

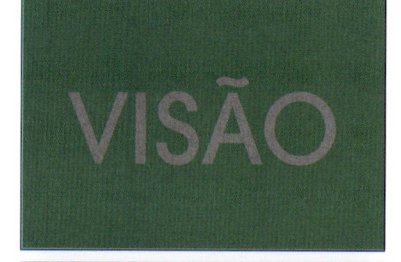

No Rio de Janeiro, assim como em muitas outras cidades e países, os táxis são amarelos, pois essa cor constitui a maior sensação visual contra o fundo cinzento de uma cidade ou contra as noites escuras. Os táxis são assim facilmente reconhecíveis.

Outros contrastes interessantes para uma fácil visibilidade são: o preto sobre amarelo, verde ou azul; o vermelho sobre amarelo ou branco; branco sobre azul ou preto; e o amarelo sobre o preto.

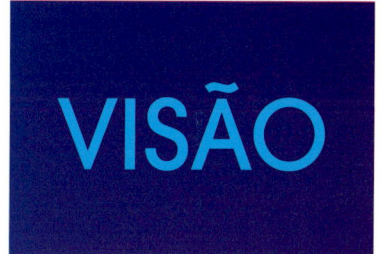

Na prática de trabalhos impressos, utilizam-se geralmente os pigmentos (substâncias coloridas nas tintas de impressão) que provocam a visão da cor, isto é, a cor aparece por síntese subtrativa de radiações. Algumas considerações importantes sobre a impressão gráfica:

1) o Sol é o grande mestre das cores, razão pela qual precisamos sempre dele para obter uma boa visão das cores;

2) os trabalhos gráficos são normalmente executados em ambientes fechados e, portanto, utilizam-se da luz artificial. Para falta de Sol, devemos colocar no ambiente lâmpadas com igual irradiação de luz em todos os setores do espectro.

Coelho Sobrinho (1977-79) realizou, junto à Universidade de São Paulo, um importante estudo sobre legibilidade de tipos na comunicação de massa. Vejamos suas considerações: apesar de não abordar o uso da cor em seu estudo, consideramos que a fundamentação para tal uso é a própria escolha certa dos tipos. O autor afirma que:

"Os comunicadores visuais têm à disposição enorme variedade de tipos gráficos, devendo escolhê-los de acordo com os objetivos da mensagem, com as características do público e com o veículo que deverá divulgar a mensagem. E, é claro que, quanto maior o número de opções, maior a responsabilidade e a preocupação em eleger criteriosa e corretamente o tipo mais adequado para o trabalho".

Assim, para se imprimir o texto em cores, será suficiente considerar nossos esquemas de adequação cromática em cada caso, tendo sempre presentes as características luz-cor e o contraste letra-fundo para permitir boa visibilidade e legibilidade do texto.

Informa ainda o professor Coelho que "atualmente há um grande número de pesquisadores preocupados com o efeito dos desenhos dos tipos na leitura. Cientistas como Rolt Rehe, François Riudeau, Miles Tinker e outros, a maioria deles de áreas afins à Comunicação, vêm desenvolvendo métodos de pesquisa para a identificação, nos impressos, dos tipos e das formas de apresentação dos caracteres que assegurem a leitura com maior rapidez e compreensibilidade".

ABCDEF **ABCDEF** ABCDEF ABCDEF **ABCDEF** ABCDEFGHIJKL
ABCDEF *ABCDEF* *ABCDEF* ABCDEF **ABCDEF** ABCDEFGHIJKL
ABCDEF **ABCDEF** ABCDEF **ABCDEF** ABCDEF ABCDEF ABCDEF
ABCDEF *ABCDEF* ABCDEF ABCDEF ABCDEF ABCDEF ***ABCDEF***

Consideramos de pouca visibilidade as combinações azul-verde e vermelho-verde (aliás, esta combinação, além de ser ineficaz, pode irritar a sensibilidade óptica). O "branco-preto" tem valor médio em relação ao amarelo-preto, que possui maior margem de visibilidade.

É necessário, ainda, considerar o tamanho do tipo para aplicação de uma cor mais leve ou mais pesada. Cores escuras, em tipos sobre fundos também escuros, mas diferentes, resultam praticamente ilegíveis qualquer que seja o tamanho do tipo. As cores claras devem colocar-se em tipos não muito pequenos, especialmente se o fundo for vermelho, verde, roxo ou azul-escuro. O cinza geralmente não apresenta muita visibilidade, mesmo quando aplicamos sobre ele uma tipografia de tamanho grande.

Além da cor, o espaçamento entre as letras e o uso de letras maiúsculas e minúsculas facilitam ou não a leitura. Normalmente, os espaçamentos maiores favorecem a leitura, assim como o uso da primeira letra maiúscula e as demais minúsculas. Obtém-se grande presença, ou efeito "bloco", quando utilizamos apenas letras maiúsculas, como acontece com a logotipia da IBM.

Na quinta parte deste livro, há mais informações sobre a utilização de cor de fundo e cor de fonte.

9 — PREFERÊNCIA PELAS CORES

A atitude de um indivíduo frente à cor se modifica por influência do meio em que vive, sua educação, seu temperamento, sua idade etc. As crianças, por exemplo, tendem a preferir as cores puras e brilhantes. Há sempre algo de relativo na preferência desta ou daquela cor. Para alguns, por exemplo, quando se sentem tristes, doentes ou nervosos a preferência é pelo marrom; para outros, essa cor aparenta discrição e fechamento. Se uma pessoa se sentir alegre, feliz a escolha será pelo azul; para outros, essa é uma cor cansativa.

Mas, como em todas essas considerações verificamos que existe um peso psicológico e cultural na preferência de uma ou outra cor — aliás, cientificamente constatado por pesquisadores norte-americanos há mais de 40 anos —, procuraremos esclarecer sempre, ao longo do texto desta obra, o aspecto científico da cor, pois é evidente o fator de relacionamento físico entre o raio de luz e a estrutura do sistema visual — sistema neurofisiológico do ser humano. Cada pessoa capta os detalhes do mundo exterior conforme a estrutura de seus sentidos, que, apesar de serem os mesmos em todos os seres humanos, possuem sempre uma diferenciação biológica entre todos, além da cultural, que leva a certos graus de sensibilidade bastante desiguais e, consequentemente, a efeitos de sentido distintos.

Na entrada de um raio de luz em nosso olho, é importante o comprimento de sua onda. Cada estímulo visual tem características próprias, como tamanho, proximidade, iluminação e **cor**. A percepção visual, portanto, é distinta entre as pessoas. Se percebemos uma cor laranja agradável, certa e aceita pela nossa consciência, pode não ser assim para outra pessoa, que pode preferir, por exemplo, um laranja mais vivo. Sem querer, damos a esse processo preferencial um sentido psicológico, ao dizer que gostamos ou desgostamos disso ou daquilo. E cometemos certas indiscrições, às vezes, em comentar que tal pessoa não tem gosto para utilizar as cores adequadas em seu vestuário ou na pintura das paredes de sua casa. Na realidade, não existe gosto algum, pois é apenas uma forma de percepção de acordo com que obedece à estrutura visual e sensorial de cada um de nós, conforme veremos na segunda parte deste trabalho.

O PROCESSO VISUAL

Qual experiência que eu diferencio entre o vermelho e o verde?
Algo vermelho pode ser destruído, mas o verde não.
Na vida cotidiana estamos virtualmente rodeados por cores impuras, é mais notável ainda que tenhamos formado um conceito de cores puras.
Trato os conceitos de cor como os conceitos de sensações.

Ludwig Wittgenstein

1 — A LUZ — INTERMEDIÁRIA ENTRE A NATUREZA E O HOMEM

A luz é mediação. Os objetos do mundo aguardam inertes e latentes a sua manifestação, que só será possível quando for levada por feixes luminosos até os nossos olhos.

A visão representa uma das preciosidades que o homem recebeu da natureza. É talvez o sentido que mais faz vibrar o ser humano e o faz gozar e desfrutar as coisas do mundo que o rodeia, sem deixar de pensar nelas.

Os olhos, através dos quais se processa a visão, constituem, portanto, os órgãos privilegiados de ligação entre o mundo interior do homem e o mundo exterior que o rodeia. Essa ligação somente se realiza quando há luz.

A luz é, assim, a grande intermediária entre a natureza e o homem. Ela apresenta todos os detalhes à percepção do ser humano numa multivariada gama de sensações visuais coloridas ou não.

Como se processa a visão?

Os raios luminosos, porções de energia solar que atingem um objeto, são refletidos em todas as direções. Dependendo da quantidade de luz que penetra em nossos olhos, veremos as coisas iluminadas, muito iluminadas ou escuras.

Dissemos que os raios luminosos são porções de energia solar que nos fazem perceber o mundo exterior. Temos ainda raios diferentes da energia solar, que se identificam como: ondas de rádio, ondas de televisão, ondas de raios X, raios infravermelhos, raios ultravioleta e raios cósmicos.

O que caracteriza e diferencia cada uma dessas ondas (1) é seu comprimento. A luz tem um comprimento de onda (2) extremamente pequeno, situado entre 400 e 800 nm (nanômetro), ou, como é erroneamente conhecido (milimícron) mμ.

> 1 nm (1 nanômetro) = 1/1.000.000.000 do metro
>   = 1/1.000 do micrômetro
> 1 μm (1 micrômetro) = 1/1.000.000 do metro.
>
> O "milimícron", ressaltamos, não deve ser empregado, pela simples razão de não existir como unidade de medida oficial.
>
> Uma outra unidade às vezes ainda encontrada, e também não recomendada, é o ângstrom, Å (3):
>
> 1 Å = 1/10 do nanômetro. Pois bem, o olho humano só pode perceber e ver as ondas que vão de 400 a 800 nm (ou de 4.000 a 8.000 Å) de comprimento.

A máquina fotográfica convencional assemelha-se ao nosso aparelho visual. Os olhos recebem a imagem das coisas exteriores em forma invertida, na retina; essa inversão muda automaticamente quando alcança o cérebro, através do nervo óptico, ficando assim endireitada a imagem no centro visual do cérebro.

Figura 1
Equivalências.

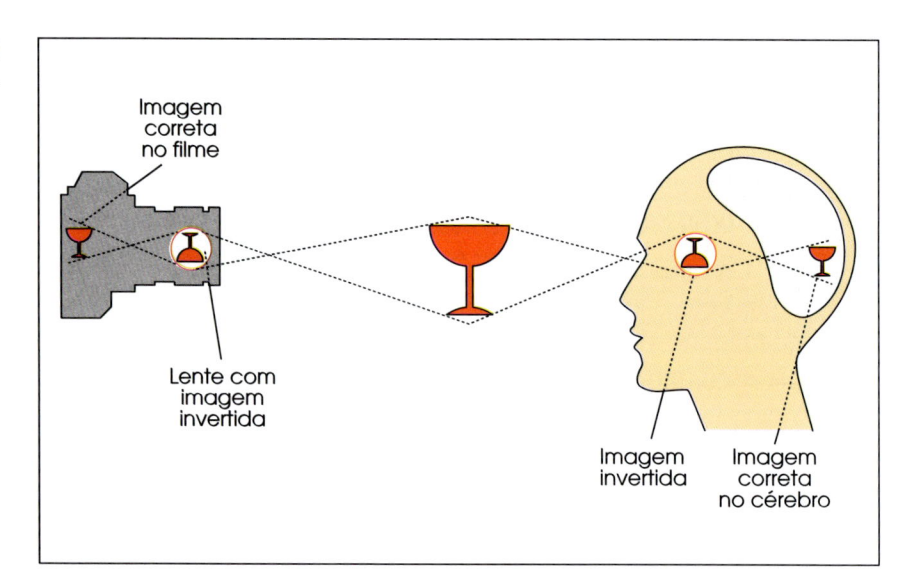

Figura 2
Todos de uma só natureza, mas diferentes pelo seu comprimento de onda. Fazem exceção os raios cósmicos (ver o texto). As unidades de medida da onda luminosa podem ser o nanômetro (nm) ou o ângstrom (Å). A luz visível, que é uma radiação eletromagnética, está entre os 400 e os 800 nm.

2 — PERCEPÇÃO VISUAL E FORMAÇÃO DA IMAGEM

Qualquer coisa que provoque uma reação em algum órgão do sentido é um *estímulo*. Quando um indivíduo responde a um estímulo determinado é porque o percebeu e o discriminou entre outros.

Os estímulos visuais têm características próprias, como tamanho, proximidade, iluminação, cor, e conhecer essas propriedades é de fundamental importância aos que se valem da imagem para transmitir mensagens. Em outro capítulo procuraremos demonstrar mais detalhadamente como elas podem ser usadas com resultados práticos na Publicidade e, especialmente, como o elemento cor pode ser um estímulo adaptável aos mais diversos interesses suscitados no campo mercadológico.

Explicar como percebemos os objetos do mundo, por que e como o fazemos é um dos problemas mais controvertidos da Psicologia, da Comunicação e do Marketing. Os últimos estudos feitos nesse campo não negam a existência dos objetos do nosso mundo, como já o fizeram correntes filosóficas extremistas. Nem afirmam que esses objetos existem de forma independente. O que se conclui atualmente é que o mundo que percebemos é o resultado da relação entre as propriedades do objeto e a natureza do indivíduo que observa.

A Gestalt, termo alemão que significa "forma" e que nomeou também uma escola da Psicologia, ao colocar como definitiva a questão de que a visão não é um registro mecânico de elementos, mas sim a captação de estruturas significativas (Arnheim, 1973), abriu caminho a uma compreensão mais ampla do problema.

Nenhuma corrente psicológica atual nega o fato de o mundo percebido por qualquer indivíduo ser, em grande parte, um mundo resultante das experiências adquiridas em lidar-se com o meio ambiente. Nenhuma, também, discorda do fato de haver um nível básico onde existe uma correspondência absoluta entre o objeto e a percepção desse objeto. A discordância existe em relação ao nível em que ocorre essa correspondência. Está plenamente aceita a ideia de uma correspondência biunívoca entre a experiência e a realidade em um nível qualquer da percepção.

De acordo ainda com estudos mais recentes, podemos concluir que a percepção é um processo. Baseia-se na ação, na probabilidade e na experiência. A imagem que percebemos é um elemento de um processo — o processo de perceber. Podemos incluir nesse processo todos os elementos constituintes da vida. Assim, concluímos que objeto e percepção são parte de uma mesma coisa, incluem-se numa só totalidade.

Dissemos que a imagem que percebemos é um elemento do processo de percepção visual. Mas como se forma a imagem?

Todo objeto iluminado por qualquer luz reflete essa luz. Alguns pontos a refletem mais, e são brilhantes; outros menos, sendo pontos mais escuros. Tanto o brilho como a cor do objeto dependem do tipo de sua superfície.

Figura 3
Síntese de percepção.

Os raios provenientes de cada ponto que passam pelo centro da lente não são desviados porque são perpendiculares à sua superfície. Não sofrem, pois, o *fenômeno da refração*. Mas os que atingem a interface cada vez mais inclinada se desviam de tal modo que alcançam a linha que passa pelo centro. Quando os raios ultrapassam a lente, continuam a se desviar, convergindo para um único ponto, situado a uma determinada distância, que vem a ser o foco. Cada ponto luminoso é representado do outro lado da lente por um ponto focal.

Se colocarmos um plano bidimensional a certa distância da lente, um papel branco, por exemplo, veremos aí reproduzida a imagem do objeto. Essa imagem aparece invertida: a parte de cima está embaixo, e a direita aparece do lado esquerdo em relação ao objeto. É o sistema empregado pela câmara fotográfica.

A formação da imagem pelo nosso aparelho visual é semelhante ao processo descrito, isto é, tal como uma lente de vidro, focaliza a imagem em um plano bidimensional.

A imagem formada na retina é também invertida em relação ao objeto. O cérebro a interpreta e o indivíduo a vê na posição normal.

Na percepção de objetos muito distantes, empregamos o telescópio. Baseia-se no uso de lentes convexas e no fenômeno da refração. Seu poder é relativo à área de sua objetiva. Um telescópio que tenha uma objetiva de 1 m de diâmetro permite um alcance enorme. Aliás, objetivas maiores não puderam ainda ser construídas em razão do peso das lentes.

O uso de instrumentos ópticos, especialmente quando aliados à fotografia, aumentou imensamente o mundo visual do indivíduo.

Na percepção de objetos muito pequenos, utilizamos equipamentos que possibilitam sua ampliação de forma mecânica ou eletrônica, como a lupa ou um microscópio.

Quando queremos fixar um objeto muito pequeno ou um pormenor qualquer, observamos que, depois de uma certa distância, mais ou menos 25 cm, o detalhe começa a ficar desfocado. Esse desfoque também acontece com a máquina fotográfica.

O ponto exato a partir do qual a imagem começa a ficar desfocada é chamado *ponto de visão mais distinta*. É precisamente aí que iremos precisar do auxílio de um instrumento óptico.

As lupas comuns aumentam a percepção visual em aproximadamente dez vezes mais do que a que tínhamos no ponto da visão mais distinta. Para uma visão clara e ampliada de coisas minúsculas, há necessidade do uso do microscópio eletrônico, aparelho constituído à base de lentes convexas.

3 — ESTRUTURA DO SISTEMA VISUAL

Antes de adentrarmos na explicação da estrutura do aparelho visual, queremos mencionar uma explicação do insigne neuropsicólogo Richard L. Gregory[1] sobre a tarefa dos olhos. Diz ele no primeiro capítulo de sua obra *Eye and brain* ("Olho e cérebro"): "O que *os olhos fazem* é alimentar o cérebro com informação codificada em atividade neural — cadeias de impulsos elétricos —, a qual, pelo seu código e pelos padrões de atividade cerebral, representa objetos. Podemos usar uma analogia com a linguagem escrita: as letras e palavras desta página têm certos significados para os que conhecem a língua. Elas afetam apropriadamente o cérebro do leitor, mas não são imagens. Quando olhamos para alguma coisa, o padrão de atividade neural representa o objeto, e para o cérebro é o objeto. Não está envolvida qualquer imagem interna".

David Hubel[2] e Torsten Wiesel[3], dois cientistas, o primeiro norte-americano e o segundo sueco, que conquistaram o Prêmio Nobel de Medicina em 1981, continuaram os estudos que estabelecem que, para o ser humano ver, o olho em si não completa o processo visual, pois a retina só transmite signos ao cérebro, sendo este incumbido de decifrá-los. Está comprovado que a primeira função cerebral se inicia após o nascimento e, por isso, uma das condições para o desenvolvimento normal da visão humana é a primeira impressão do olho. Se, na infância, a visão é distorcida, mais tarde o cérebro terá dificuldade ou até estará impossibilitado de analisar as impressões passadas pela retina.

Para chegar a essa conclusão, eles delimitaram, no córtex cerebral, uma região chamada "córtex visual primário", essencial por sua participação nos mecanismos da visão. As pesquisas foram feitas, inicialmente, com gatos anestesiados, em cujo cérebro foram introduzidos minúsculos eletrodos, permitindo assim o estudo da resposta da célula nervosa às características de uma imagem projetada.

Os sistemas sensoriais do indivíduo jamais estão em contato direto com os objetos que existem no mundo. Por isso, os psicólogos chamam esses objetos de *estímulos distanciais.* Eles só vão estimular o sistema nervoso quando refletem, por exemplo, energia luminosa ou qualquer outro tipo de energia que tenha a propriedade de atingir os órgãos sensoriais. Esses padrões de energia são chamados *estímulos sensoriais.*

Havendo uma estimulação proximal adequada, o objeto será observado mesmo quando, na realidade, está ausente, como acontece, com a imagem emitida pela TV.

O *sistema sensorial* que se encarrega do processo da visão é composto de várias partes, quais sejam: olho, área de projeção visual, área de associação visual e sistema oculomotor.

[1] Foi professor de Neuropsicologia do Laboratório do Cérebro e da Percepção, na Universidade de Bristol. Autor de *Eye and brain* e inventor de vários aparelhos ópticos.

[2] Foi professor de Medicina na Universidade de Montreal, no Canadá. Posteriormente migrou para os EUA onde naturalizou-se. Foi também professor na Universidade Harvard.

[3] Sueco naturalizado americano. Desde 1959 trabalhou na Universidade Harvard, onde foi, durante muitos anos, diretor da Divisão de Neurobiologia.

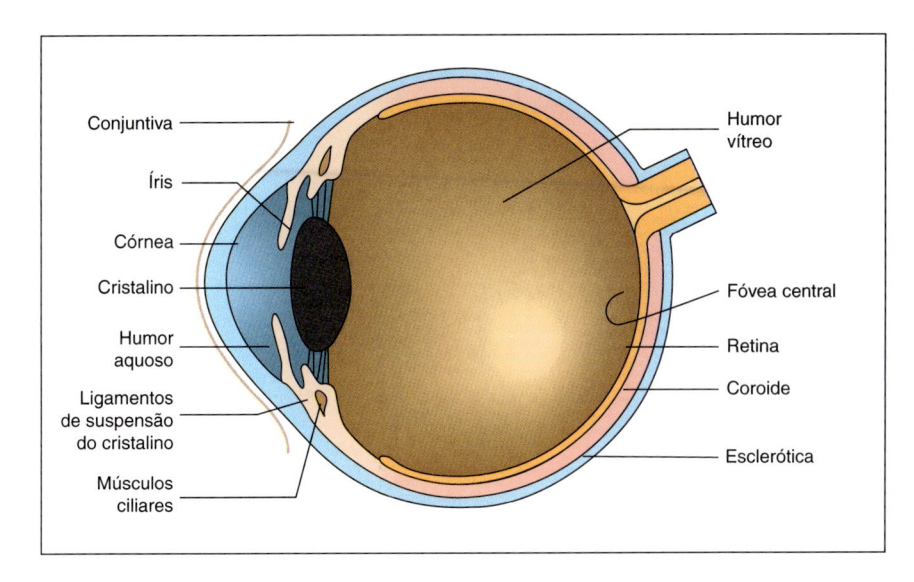

Figura 4
Anatomia ocular.

OLHO

O olho é uma câmara óptica composta de várias lentes que têm a função de convergir os raios luminosos, permitindo que sejam levados para a parede interna oposta ao orifício de recepção luminosa. O olho está fisicamente localizado na cavidade orbitária do crânio. Sua estrutura é bastante complexa e compreende em essência:

Esclerótica. É a camada exterior do olho, cuja rigidez permite a este conservar sua forma.

Coroide. É a camada que se localiza depois da esclerótica, de fora para dentro, e contém inúmeros vasos sanguíneos.

Retina. Tem cerca de 130 milhões de células receptoras sensíveis à luz. É formada por diversas camadas de células, sendo as mais importantes os cones, os bastonetes e as células de ligação. Elas recebem a imagem e a transmitem ao centro visual. Cones e bastonetes estão repartidos irregularmente em toda a retina, um ao lado do outro. Os *bastonetes* se localizam mais na periferia da retina. São neurônios sensíveis não só à luz, como também à mudança de luz; não têm sensibilidade em relação à cor. Os bastonetes não reagem de maneira específica aos diversos comprimentos de onda de luz, são responsáveis unicamente pela percepção da forma e do movimento. Os *cones* são os neurônios responsáveis pela visão da cor e dos detalhes. Localizam-se em diversas zonas da retina central e dominam exclusivamente uma região chamada *fóvea*. Os cones são estimulados de maneira diferente pelos vários comprimentos de onda. As *células de ligação* são neurônios bipolares ou ganglionares que têm por função encaminhar os impulsos nervosos para o cérebro, partindo dos bastonetes estimulados.

Figura 5
Olhar digital. Modelagem
tridimensional de Luis Carlos
Petry.

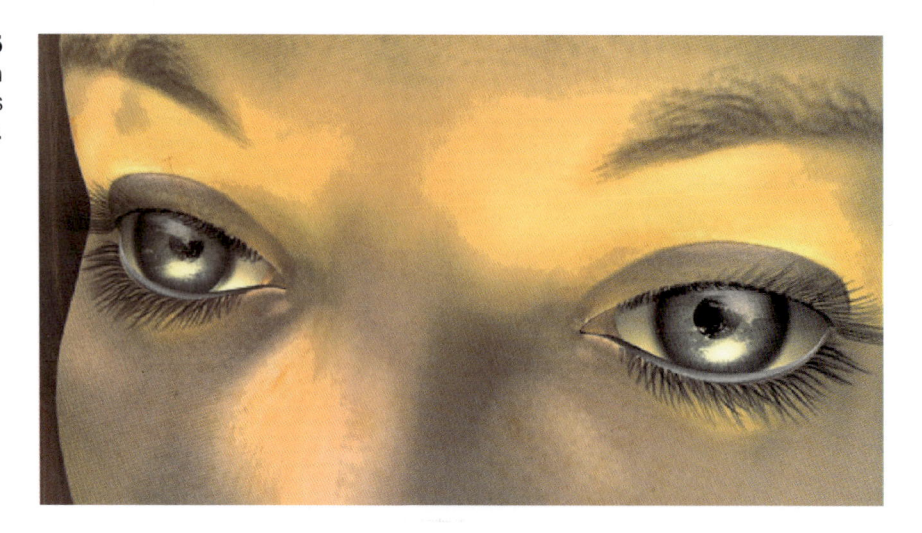

Camada pigmentada da retina. A melanina é um pigmento escuro existente na camada pigmentada da retina. Sua função é impedir que os raios luminosos sejam refletidos em todas as direções do globo ocular, causando iluminação difusa da retina sem o contraste de pontos claros e escuros, que são essenciais à formação de imagens exatas.

Córnea. Completa, na frente, a esclerótica (ou seja, é a continuação da própria esclerótica), fechando o globo ocular. É transparente em razão da à transformação histológica da esclerótica. Ela só permite que passem as ondas da magnitude de 300 a 1.500 nm. Tem, além disso, uma curvatura que a faz atuar como lente convexa. Atrás da córnea fica uma câmara cheia de uma solução chamada *humor aquoso. O* raio de luz tem de atravessar esse líquido e chegar até o *humor vítreo* do olho e atingir a retina.

Humor vítreo. É uma substância transparente e de consistência gelatinosa que enche o espaço situado entre o cristalino e a retina. Sua principal função é manter o globo ocular e a retina em seus lugares através de sua tensão.

Pálpebras. Ajudam a manter úmida a superfície do olho. Por seus movimentos de fechar e abrir protegem o olho contra a luz intensa ou a visão inesperada de algum objeto luminoso.

Cristalino. É formado por um tecido transparente e maleável. Seu papel é focalizar os raios luminosos quando penetram na córnea para formar a imagem na retina. Ele permite a passagem de ondas magnéticas de comprimento entre 380 e 760 nm. Tem uma curvatura que o torna capaz de projetar na retina objetos colocados a diferentes distâncias.

Íris. A íris fica colocada diante do cristalino. É formada por um tecido pigmentado e exerce a função de diafragma, tendo a capacidade de regular a quantidade de luz que atinge a retina. Fazendo as compensações que as alterações de iluminação exigem sob a ação da luz forte, a íris expande sua superfície, protegendo, assim, a sensibilidade da retina contra um excesso de luz. Sob iluminação fraca, a íris se retrai, e o orifício do centro chamado *pupila* se alarga, permitindo uma penetração maior da luz. Em princípio, ela funciona da mesma forma que o diafragma da máquina fotográfica, com o qual, igualmente, se regula a quantidade de luz que irá atingir o filme.

Fóvea. É composta unicamente de cones e fica na retina, bem próxima do ponto de encontro de todas as fibras nervosas à saída da retina. Ela é sensível aos mínimos detalhes. Tem um diâmetro de quase 0,5 mm.

Nervo óptico. É formado de fibras neurais que vão da retina do olho até a área de projeção no córtex. A *sensação fisiológica*, na qual a retina transforma o estímulo físico, é levada ao cérebro pelo nervo óptico. No cérebro se produzem tanto a sensação de cor como a visão propriamente dita.

Na convergência de todas as fibras nervosas, quando da saída delas da retina (pupila) a fim de se dirigirem ao cérebro formando uma capa única na parte posterior do globo ocular, não existem células visuais. Diversas experiências já demonstraram que a imagem caída nesse ponto não é vista, e por isso o chamamos de *ponto cego.* Trata-se, portanto, de um escotoma normal no campo visual, descoberto por Mariotte[4] três séculos atrás.

Figura 6
De uma distância de cerca de 50 cm, olhar fixamente para a bolinha preta com o olho direito, mantendo o esquerdo fechado. Pouco depois, aproximando devagar a figura em direção ao olho, notaremos que, à distância mais ou menos de 30 cm, a cruz desaparece. Isso quer dizer que a visão se perdeu no ponto cego.

[4] Edme Mariotte, abade e físico francês, descobriu-o em 1668.

ÁREA DE PROJEÇÃO VISUAL

Fica localizada no cérebro. Tem a função de receber os impulsos neurais que partem da retina. Entretanto, o que se projeta nessa área do cérebro não é uma cópia do que se passa na retina. É uma interpretação.

A retina envia os impulsos nervosos por duas vias: o percurso usado pela metade externa, isto é, as *porções temporais*, e aquele utilizado pelas *porções nasais*, que constituem a metade interna. O que ainda se ignora é como essas duas metades se fundem no cérebro formando a imagem.

ÁREA DE ASSOCIAÇÃO VISUAL

Os impulsos nervosos, depois de atingirem a área de projeção visual no cérebro, difundem-se pelo que chamamos de *área de associação visual.*

SISTEMA OCULOMOTOR

É formado por músculos coordenados que permitem a movimentação do olho.

Esses movimentos oculares são controlados por três pares separados de músculos:

a) os retos, interno e externo;
b) os retos, superior e inferior; e
c) os oblíquos, superior e inferior.

Os músculos retos interno e externo se contraem reciprocamente para mover os olhos de um lado para outro.

Os músculos retos superior e inferior permitem a movimentação dos olhos para cima e para baixo.

Os oblíquos têm como função principal girar os globos oculares permitindo manter os campos visuais em posição adequada.

O movimento simultâneo dos olhos na mesma direção é chamado movimento conjugado dos olhos.

Talvez os movimentos mais importantes dos olhos sejam os que permitem que eles se fixem numa parte determinada do campo visual.

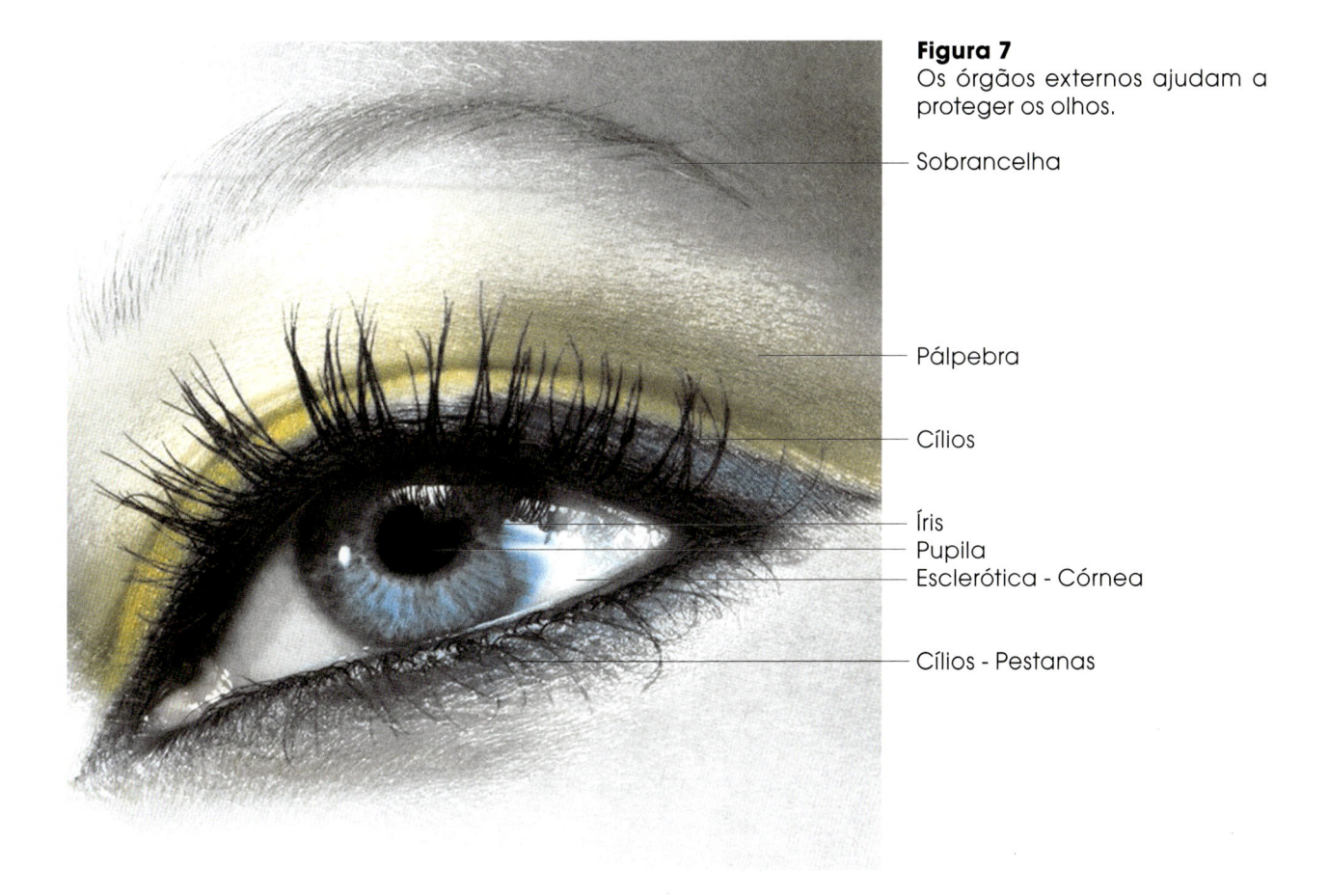

Figura 7
Os órgãos externos ajudam a proteger os olhos.

Sobrancelha

Pálpebra

Cílios

Íris
Pupila
Esclerótica - Córnea

Cílios - Pestanas

4 — FENÔMENO DA REFRAÇÃO

Os raios luminosos que atingem a retina são *refratados* pela córnea, pelo humor aquoso, pelo cristalino e pelo humor vítreo.

Podemos explicar essa refração por meio de uma propriedade da luz. No espaço vazio, a luz caminha facilmente. Quando tem de atravessar qualquer outro meio transparente (vidro, água, acrílico…), sua velocidade se modifica e fica reduzida. Essa redução vai ser a causa de um desvio do raio luminoso ao sair de um meio e penetrar em outro diferente. A esse desvio damos o nome de refração.

Os raios luminosos se propagam no vácuo a uma velocidade de 300.000 km/s, aproximadamente. No ar e em outros meios gasosos, essa velocidade permanece mais ou menos idêntica, mas se modifica ao atravessar meios sólidos e líquidos.

Considerando-se que a luz atravessa o ar a uma velocidade de 300.000 km/s (mais ou menos idêntica à do vácuo), o índice de refração de uma substância transparente vem a ser a razão entre a velocidade da luz no ar e a velocidade com que a luz se propaga nessa substância.

Descartes (1596-1650)[5] estabelece que, *"quando a luz passa de um meio A para um meio B, o seno do ângulo de incidência mantém com o seno do ângulo de refração uma relação constante".*

Por exemplo: velocidade da luz = 300.000 km/s; índice de refração de um determinado vidro = 300.000 : 200.000 = 1,50.

Dissemos que a córnea, o humor aquoso, o cristalino e o humor vítreo têm a propriedade de refratar a luz. Realmente, os raios luminosos, quando penetram no olho, sofrem uma primeira refração, ao entrarem em contato com a superfície da córnea; sofrem uma segunda, ao penetrarem no humor aquoso, depois no cristalino e, por fim, no humor vítreo, e vão todos, inteiramente focados, incidir na retina, onde haverá a imagem da forma.

Na experiência de Isaac Newton[6] (1642-1727), vemos que a luz, ao atravessar o prisma que a decompõe, é refratada em raios de cores que formam o espectro. Nessa refração, é possível observar que as ondas de maior comprimento, as vermelhas, sofrem menos desvio, ao contrário das violetas, que, sendo de menor comprimento, estão sujeitas a um desvio maior. Os raios vermelhos se desviam menos que os laranjas, os laranjas menos que os amarelos, os amarelos menos que os verdes, e assim sucessivamente.

Isso é fácil de aplicar. Os raios de luz, quando provêm do infinito ou de uma distância superior a 6 m, são paralelos. Quando atingem uma lente côncava, pelas bordas, são refratados divergentemente. Quanto mais próximo o objeto, maior deve ser a refração. Quando os raios incidem em uma lente convexa são todos refratados para o centro, num único ponto.

Figura 8
Fenômeno de refração.

[5] Foi o primeiro a escrever sobre os desvios da luz. Publicou a obra "A lei da refração" — também chamada de "A lei do seno" — , cujo princípio foi exposto pela primeira vez, até onde se sabe, pelo professor W. Snell em 1621, mas não foi publicado.

[6] Foi o descobridor, em 1707, da decomposição da luz branca e da desigual refrangibilidade das cores. Em seu livro *Optics* descreve as experiências sobre luz e cor iniciadas em 1666.

5 — PERCURSO DA MENSAGEM VISUAL

Quando um estímulo atinge a retina, ele vai desencadear um processo complicado que termina na visão. A transformação de uma imagem qualquer do mundo exterior numa percepção começa realmente na retina, mas é no cérebro que ela vai atingir uma impressionante magnitude.

O estímulo, ao ser captado pelas células da retina, vai transmitir a mensagem a outras células retinais. Quando essa mensagem atinge o cérebro, aí é analisada e interpretada. O cérebro, ou melhor, o córtex cerebral, exerce uma função seletiva: ele evita o caos mental e focaliza a atenção num conjunto determinado de estímulos. Serve, ainda, como mediador entre as informações que chegam e as que estão armazenadas, como frutos de experiências importantes já vividas, no depósito da memória.

Podemos traçar, em linhas gerais, o caminho visual. Quando as células receptivas existentes na retina são atingidas pelo estímulo, os cones e os bastonetes são os primeiros a reagir. Eles entram em conexão com um conjunto de células bipolares, que se conectam, por sua vez, com as células ganglionares da retina. Os axônios dessas células formam a capa das fibras nervosas da retina. Essas fibras vão convergir para o nervo óptico. No ponto conhecido como *quiasma,* a metade dos nervos cruza para os hemisférios opostos do cérebro. Os outros permanecem do mesmo lado. A mensagem visual é levada através das fibras nervosas até um aglomerado de células chamado de *corpos laterais geniculados.* Daí, novas fibras vão para a área visual do córtex cerebral.

O percurso que a mensagem visual percorre da retina ao córtex é constituído por seis tipos de células nervosas: três na retina, uma no corpo geniculado e duas no córtex.

6 — ILUSÕES ÓPTICAS

O processo pelo qual o cérebro interpreta as imagens formadas no olho é muito complexo e até hoje não foi estudado em sua totalidade.

Opticamente, o funcionamento do olho se assemelha ao de uma câmera fotográfica: possui um sistema de lentes (córnea e cristalino) um sistema de abertura variável (íris) e filme (retina). Mas, na realidade, há todo um processo psíquico envolvido no funcionamento do aparelho óptico humano, e isso vai diferenciar o olho de uma câmera fotográfica e o córtex cerebral de um filme, que registra mecanicamente o que foi captado na realidade. A imagem, que é impressa na retina do olho, sofre todo um processo de interpretação ao atingir o cérebro, o que lhe confere uma complexidade não existente na máquina.

Figura 9
Partenon: efeitos visuais
precisamente planejados.

A retina capta a imagem do objeto numa determinada posição e de uma determinada cor. Entretanto, a cor pode depender de fatores de iluminação, de contraste e mesmo variar segundo as condições de fadiga da retina. E a forma pode ser distorcida pela imagem ou por engano dos sentidos. A isso damos o nome de ilusão.

Possivelmente, os gregos já haviam percebido as consequências das ilusões visuais. Walter Gropius (1935) cita, por exemplo, a construção do Partenon[7], onde tanto as linhas horizontais como as verticais foram planejadas com desvios propositais para se conseguirem determinados efeitos. Pode-se constatar que os degraus **têm um levantamento** no centro: eles não têm, na realidade, uma linha reta; o efeito de horizontalidade é visual. O mesmo acontece com as colunas, que sofrem um desvio real para o centro isso lhes confere, visualmente, uma verticalidade exata não existente na realidade.

Cientificamente, faz pouco mais de cento e cinquenta anos que as ilusões ópticas vêm sendo estudadas. Constituem um fenômeno que pode ser oriundo de imperfeições ópticas, mas que também pode ter origem nas interpretações intelectuais realizadas no córtex cerebral do indivíduo.

O indivíduo é um todo complexo, e os vários sistemas que o constituem são interligados e, só para efeito de estudos, podemos di-

[7] É o mais célebre dos templos da antiga Grécia, em Atenas. Foi projetado pelos arquitetos Ictinos e Calicrates, construído e decorado por Fídias alguns séculos antes de Cristo. O templo mede 69,50 m por 30,85 m. O eixo central das colunas é um pouco inclinado para o interior com um leve engrossamento do diâmetro no meio das colunas, a fim de suavizar eventuais deformações visuais. Toda a arquitetura era realçada com cores bem vivas.

vidi-los. Dentro dessa mesma concepção, podemos agrupar as ilusões ópticas, classificando-as em *geométricas, fisiológicas de movimento* e *psicológicas.*

Nas *ilusões geométricas,* podemos ter a percepção de uma imagem alterada devido a fatores que dão a impressão equivocada. Seguem-se exemplos.

Dois quadrados, exatamente do mesmo tamanho, parecerão visualmente diferentes se forem formados por linhas verticais ou por linhas horizontais paralelas.

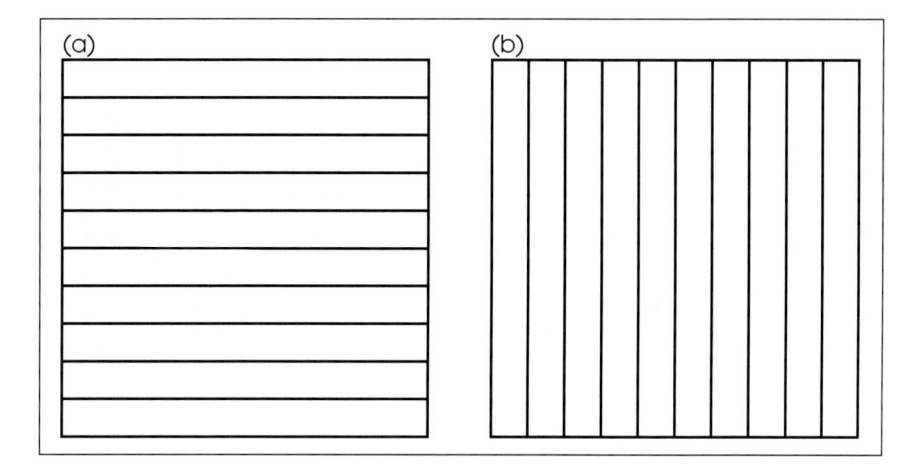

Figura 10
Embora pareçam diferentes, os quadrados a e b são iguais.

Linhas retas, cruzadas por um conjunto de linhas oblíquas, parecem se curvar para cima *ou* para baixo, no lugar onde passam as linhas oblíquas.

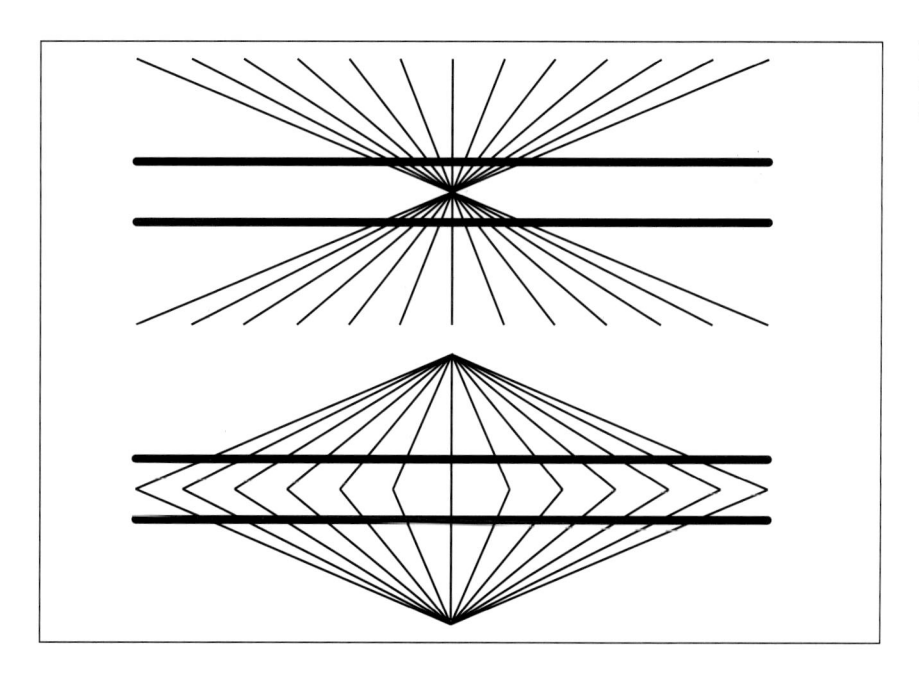

Figura 11
As linhas horizontais parecem se curvar, mas são paralelas.

Duas diagonais iguais, num paralelogramo dividido em duas partes desiguais, parecerão visualmente de tamanhos diferentes.

Figura 12
As linhas a e b têm a mesma dimensão.

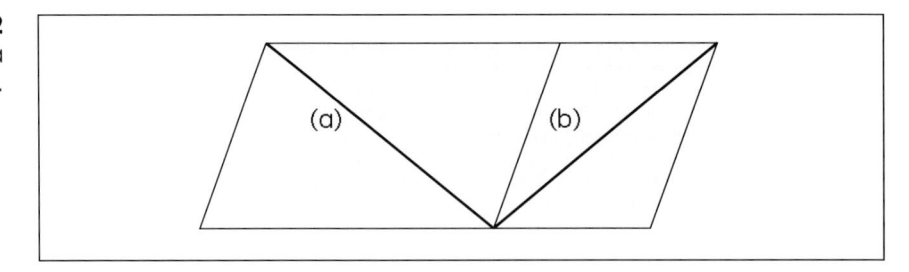

Figuras geométricas exatamente iguais podem ser visualmente diferentes, por conta do contexto em que se inserem.

Figura 13
As linhas a e b, tanto as perpendiculares como as horizontais, são do mesmo comprimento. É a ilusão das setas, conforme Müller-Lyer.

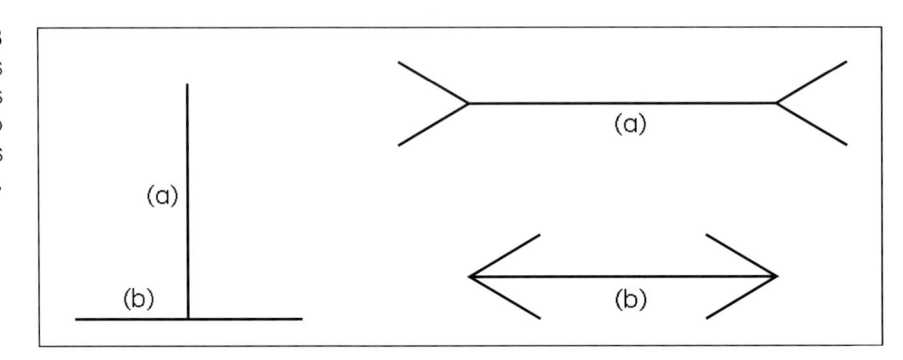

Um círculo parece menor ou maior conforme o tamanho dos outros círculos que o circundam, ou parece deformado quando é atravessado por linhas (Fig. 14).

Figura 14
Em a, o círculo interno parece menor que em b; em b, o mesmo círculo parece maior que o de a, mas são iguais; e, em c, o círculo parece deformado, mas não o é.

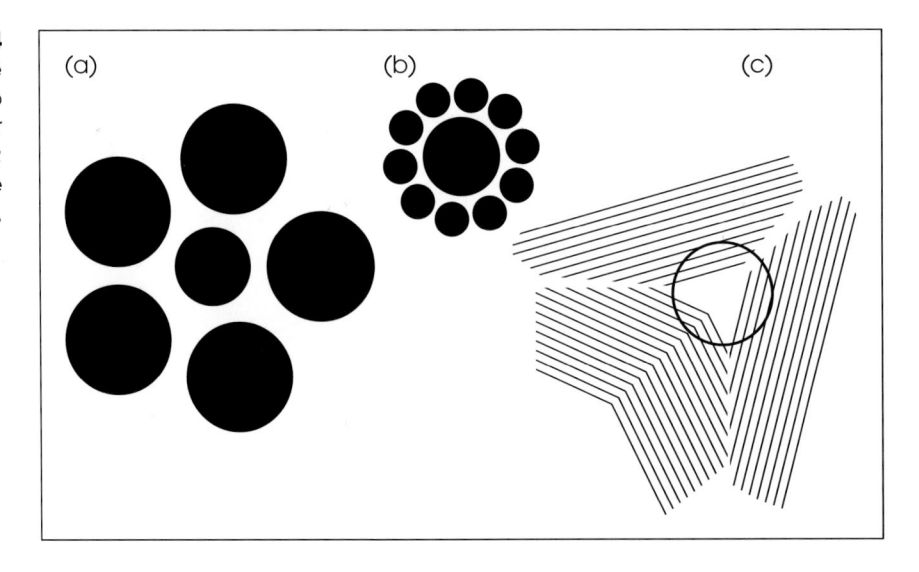

Uma linha diagonal, cortando ao meio linhas horizontais, parece quebrada; ou várias linhas horizontais parecem fora de linha quando atravessadas por diagonais que formam retângulos.

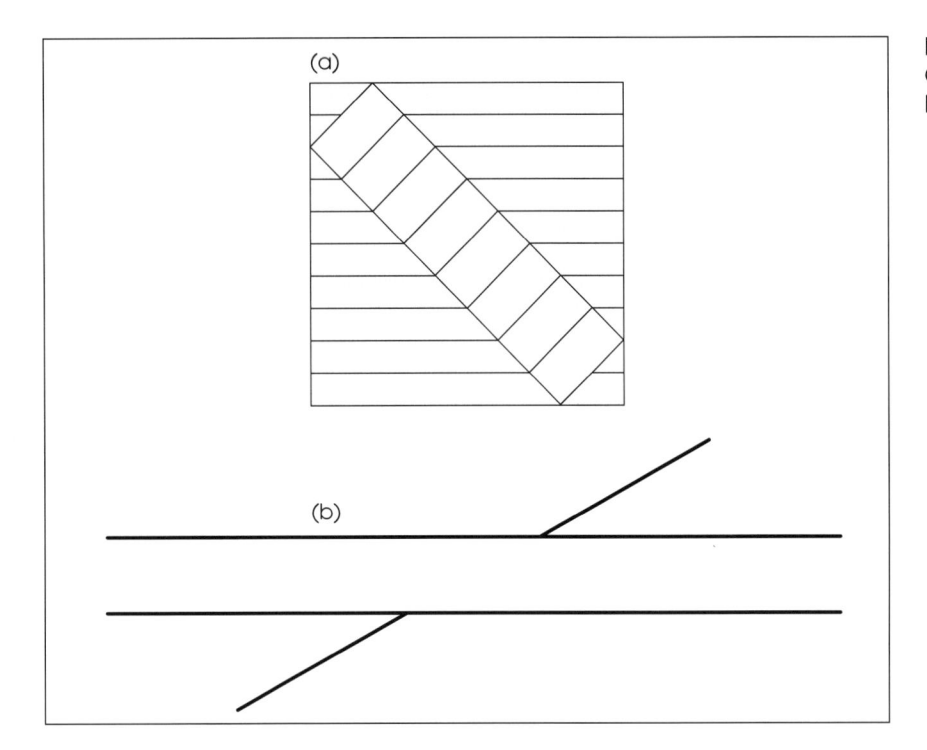

Figura 15
O efeito de diagonais sobre linhas horizontais.

Ao perceber certas claridades, o olho se engana também. Colocando, por exemplo, vários quadrados pretos intercalados por espaços em branco, notaremos uma mancha cinzenta nos cruzamentos dos espaços lineares brancos. E esse ponto cinza, na realidade, não existe.

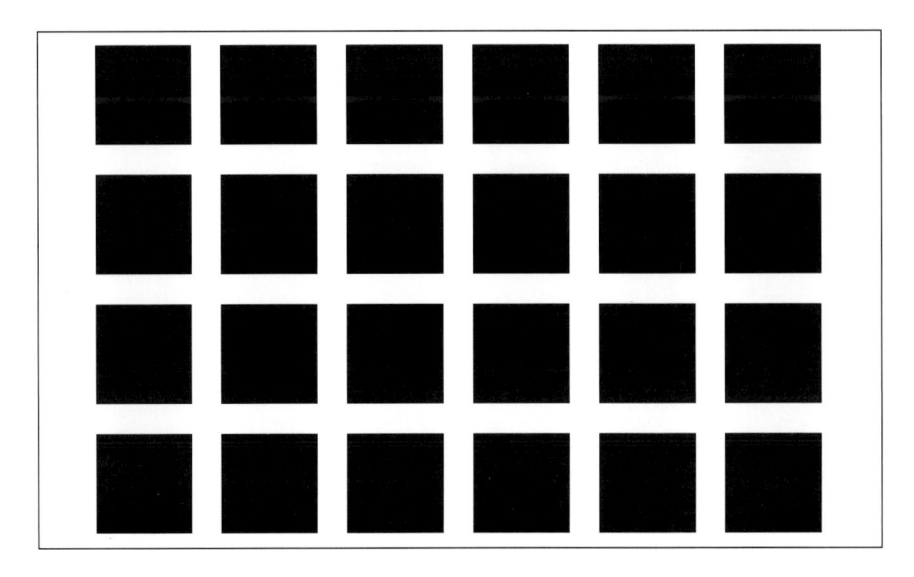

Figura 16
A ilusão de manchas cinza, nos cruzamentos dos espaços brancos.

Figura 17
Ilusões geométricas nas perspectivas.

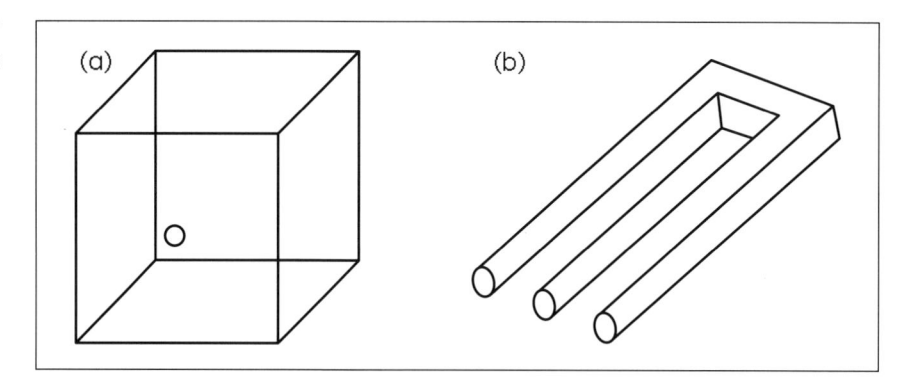

Em toda percepção normal, o processo visual está sempre entre duas hipóteses de alternativa. É o caso do cubo da figura a acima: o pequeno detalhe do círculo pode aparecer-nos tanto na face frontal como na posterior, e também da figura b, onde aparecem três cilindros, quando a saída real é de dois.

Figura 18
Embora paralelos, os degraus parecem distorcidos. Já na figura inferior há percepção de contornos ilusórios.

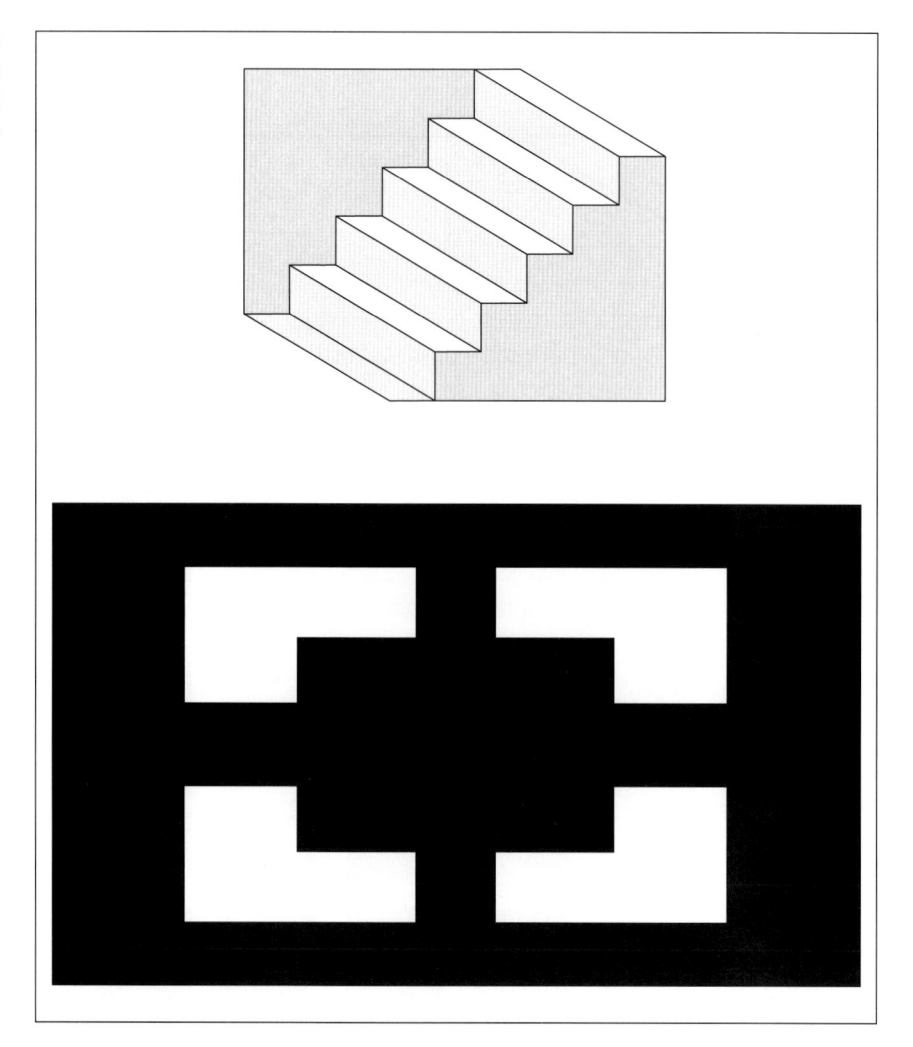

Podemos perceber contornos ilusórios, como no caso da Fig. 19, em que ocorre a superposição de um retângulo preto aos quatro retângulos brancos, ou somente três quartos destes.

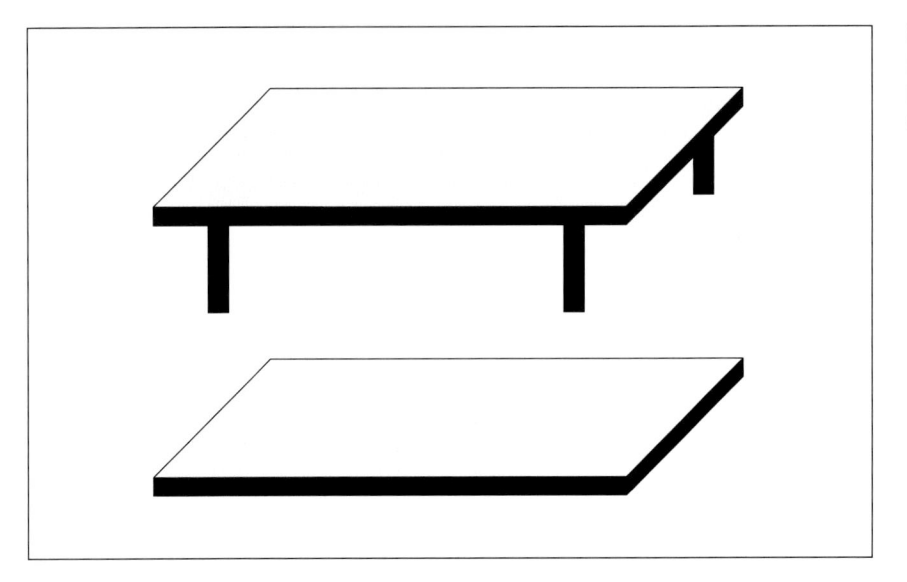

Figura 19
Ilusões geométricas na perspectiva provocam distorção visual.

A distorção de uma forma é normalmente provocada pela falta de perspectiva. Na figura acima, verificaremos que, escondendo as pernas da mesa, a distorção desaparece.

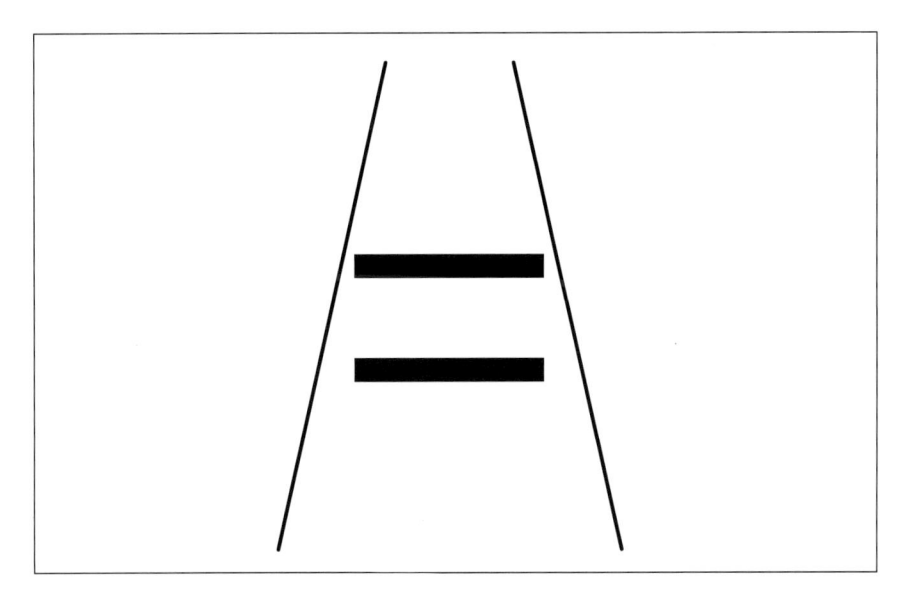

Figura 20
Apesar de serem iguais, as linhas horizontais não parecem ser do mesmo comprimento.

Olhando para os trilhos da estrada de ferro da Fig. 20, entre os quais colocamos dois retângulos iguais, notamos que a linha horizontal superior parece ser maior que a inferior. Na realidade, as duas são iguais.

Podemos considerar como *ilusões fisiológicas de movimento* as causadas por processos retinianos ou por problemas nos centros visuais.

Figura 21
Gráficos cinéticos da obra
Geometrical and Optical Art,
de Jean Larcher.

Em 1838, Fechner[8] (1801-1887) observou que, ao rodar um disco com uma metade branca e outra preta, viam-se vários anéis concêntricos de cores e que essas cores variavam de acordo com a velocidade do movimento.

Benham[9], em 1894, continuou esses estudos. No lugar do disco, utilizando um tambor. Ao girar o tambor a uma certa velocidade, ele aparecia sob um jogo inesperado de cores.

Quando a luz branca produz cansaço aos olhos, os elementos discriminadores de todas as cores ficam afetados por ser o branco a integração total das cores. Além disso, esses mecanismos discriminadores não atuam com a mesma velocidade entre eles. Parece que as estimulações pelos comprimentos de ondas mais longas (o vermelho, por exemplo) são sentidas mais rapidamente do que as provocadas por comprimentos de ondas mais curtas (o roxo, por exemplo), que demoram mais a ser sentidas. Assim, uma excitação vem depois de outra excitação; uma cor é percebida primeiro, depois outra.

[8] Gustav Theodor Fechner, psicólogo, filósofo e físico alemão. Doutor em Medicina, formulou, por meio de uma função logarítmica, a relação entre as variações de intensidade de estímulo e as variações da sensação experimentada pela pessoa. Interessante a sua obra *Elementos de psicofísica*, publicada em 1860. Foi fundador, junto com Weber, da Psicofísica.

[9] C. E. Benham, em seu trabalho *The artificial spectrum top.* (*Nature* 51, 200, 1894). É conhecido o "disco de Benham".

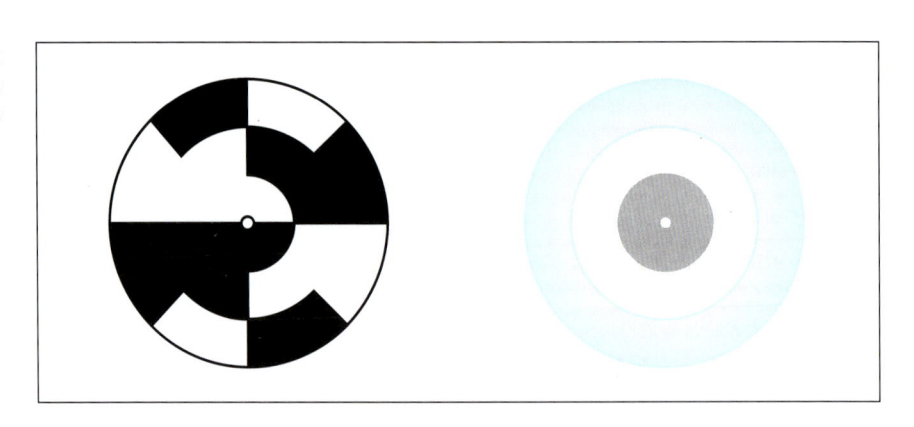

Figura 22
Construções gráficas
geradoras de ilusões
fisiológicas.

Figura 23
Ilusões ópticas psicológicas.
À esquerda, dois perfis e uma
taça representados por Rubin.
À direita, a sogra e a esposa,
quadro criado por Leeper.

Fatores fisiológicos, como a acomodação, convergência e a contração da pupila, podem levar a sensações equivocadas.

Existem ilusões produzidas por oscilações da atenção, como o conhecido "vaso de Rubin" ou o quadro ambíguo (figura de Leeper). Essas ilusões podem ser classificadas de *psicológicas.*

Posteriormente, verificaremos como todas essas sensações podem ser utilizadas conscientemente na comunicação visual e que o seu emprego em comunicação é fator positivo na captação da mensagem.

7 — AS DISTÂNCIAS E A VISÃO

Numa experiência, Newton demonstrou que as ondas de maior comprimento sofrem um desvio menor, ao passarem de um meio transparente (o ar) para outro meio transparente (o prisma), do que as ondas de menor comprimento.

Podemos observar que os raios luminosos refletidos por objetos mais próximos sofrem uma refração maior que os emitidos por objetos mais distantes. Isso é facilmente explicável pelo poder de *acomodação* que o olho possui.

O cristalino, que é maleável e elástico, encontra-se normalmente esticado pelos ligamentos de suspensão. Nessa posição, que se considera posição de descanso, o olho tem a capacidade de focalizar um objeto que esteja mais ou menos a 6 m de distância.

Ao ter necessidade de focalizar um objeto mais próximo, é preciso haver uma *acomodação* do olho. Há uma contração dos músculos ciliares que forçam os ligamentos de suspensão a diminuírem a tensão. Em consequência, o cristalino toma uma forma abaulada. Essa forma ocasiona uma refração maior dos raios luminosos, permitindo uma focalização perfeita do objeto na retina.

Não podemos nos esquecer de que a imagem formada na retina só vai ter significação depois de interpretada pelo cérebro. É aí que se realiza a magnitude do processo visual. A imagem toma significado ao entrar em contato com coisas antes vistas e arquivadas na memória. Um recém-nascido precisa aprender o significado das coisas e o mesmo acontece com um cego de nascença que repentinamente adquire a visão. O objeto "cadeira", por exemplo, é reconhecido por todos, por ser um objeto da nossa civilização. Um índio, vindo de seu mundo, talvez não a discriminasse entre outros objetos, pois para ele não teria significação, visto que não existia em seu meio. Piaget[10] demonstrou que, longe de ser inata, a objetividade se constrói pouco a pouco, desde a primeira infância até a idade adulta, para se inserir no sistema de relações espaciais e causais. O objetivo é adequado à visão do real, característica, de um meio definido. A constituição do objeto faz, então, intervir critérios de ordem intelectual, manifesta a estabilidade e concordância das diversas percepções.

O objeto é tridimensional. A imagem representada no plano é bidimensional. Como distinguimos o objeto real do representado?

A compreensão da tridimensionalidade é uma das propriedades da visão fornecida pelos olhos. No ser humano, um olho percebe uma imagem diferente da percebida pelo outro olho.

O olho direito vê um pouco mais do lado direito do objeto; o olho esquerdo vê um pouco mais do lado esquerdo. O cérebro funde as duas imagens, interpreta-as, e vê o objeto também com a dimensão de profundidade.

Consultando Adler (1965), esclarecemos melhor essa fusão que faz o cérebro das duas imagens, para dar sua interpretação definitiva para ver o objeto na sua forma tridimensional. Diremos que a percepção da tridimensionalidade do objeto na observação direta depende de processos fisiológicos simultâneos: convergência dos eixos oculares e acomodação do cristalino sobre o objeto percebido, exame no centro visual do córtex e consequente apreciação do objeto quanto às suas dimensões definitivas. Subjetivamente, há um exame psíquico de cada imagem percebida por retina ocular e suas diferenciações. O exame simultâneo do mesmo objeto sob dois ângulos parcialmente diferentes dará uma fusão cerebral que origina uma sensação psicofisiológica das dimensões totais do objeto, de seu volume nos diferentes planos de profundidade.

O estereoscópio, aparelho para ver uma imagem em duplicata de modo que pareça uma só, ganhando relevo em profundidade e solidez, é feito basicamente dentro do mesmo processo visual e as fotografias vistas através dele apresentam um efeito tridimensional.

Temos, assim, a chamada visão estereoscópica, que sintetiza a compreensão que o indivíduo tem sobre essa terceira dimensão, a

---

[10] Jean Piaget, psicólogo e epistemólogo, nascido na Suíça em 1896. Conhecidos seus estudos sobre inteligência, percepção, imagem mental, memória e teoria sobre uma reformulação da Lógica. Biologia e conhecimento constituem para Piaget uma unidade profunda do pensamento e da vida; em sua análise psico-genética, estabelece etapas de formação para cada tipo de conhecimento (explicação causal, dedução lógica, indução experimental etc.).

profundidade. Observando o objeto apenas com um olho, também o vemos com a dimensão de profundidade, e isso nos leva à conclusão de que existem outros fatores além do estereoscópico.

A sobreposição parcial de um objeto por outro ou outros pode, também, nos dar noção de distância.

Quando o objeto é transparente, na visão que se obtém através dele fica abolido o efeito de profundidade, a menos que interfiram outros fatores que o proporcionem.

O fato de se conhecer o tamanho do objeto também facilita o cálculo da distância a que ele está do indivíduo que o observa.

A atmosfera dá uma cor azulada aos objetos que estão muito distantes. Os dias nebulosos também influem sobre a visão de profundidade, e o objeto parece estar mais longe do que está na realidade —, o que, em termos de trânsito, é um perigo.

Quando várias linhas convergem para um ponto no horizonte, o resultado é uma visão de profundidade. É a perspectiva usada em larga escala pelos artistas do Renascimento, e de vasto emprego até hoje.

As sombras também podem ser usadas para dar efeito de profundidade em um plano bidimensional. E isso é sabido e usado tanto na fotografia quanto no desenho e na pintura.

A noção de profundidade é adquirida pelo indivíduo ao longo do seu desenvolvimento. Ao nascer, as fóveas do recém-nascido ainda não estão formadas, e isso só acontece no terceiro mês de vida. Só depois é que a criança, por meio de ensaios e erros, aprende a associar os dois olhos e, com a ajuda da sensação tátil, vai desenvolvendo a percepção de espaço.

8 — VISÃO E ENVELHECIMENTO

À medida que o indivíduo envelhece, o cristalino vai perdendo sua elasticidade, tornando-se rígido e relativamente sólido. Estudos atuais indicam como uma das causas desta perda de elasticidade é a desnaturação progressiva das proteínas.

O cristalino vai diminuindo sua capacidade de tomar progressivamente a forma esférica, e o poder de acomodação se reduz. Quando essa capacidade de acomodação se torna praticamente nula — o que acontece geralmente entre os 45 e os 50 anos —, dizemos que o indivíduo está sofrendo de *presbitia,* isto é, a visão torna-se difícil a distâncias inferiores a 30 cm. Ao chegarem a esse estado, os olhos ficam focados para uma distância quase constante. Entretanto, isso é relativo às características físicas do indivíduo.

A visão é afetada, muitas vezes, por algumas anomalias, tais como a *hipermetropia*, causada pela falta de acomodação do olho na formação *da imagem*, de um ponto situado no infinito, sobre a retina; nesse caso, a imagem é formada atrás da retina. O *astigmatismo* é uma anomalia de refração que produz uma imagem diferente do objeto observado; esta dá duas imagens, uma vertical e outra horizontal. Já a *miopia* causa a formação da imagem antes da retina, o que ocasiona a dificuldade de enxergar a distâncias maiores.

O *estrabismo,* que é uma anomalia oculomotora, é causado pelo enfraquecimento de um dos músculos do cone muscular, que mantém em órbita o olho. Nesse caso, pode formar-se uma dupla visão (*diplopia)* e o cérebro não consegue fundir as duas imagens percebidas pelos dois olhos.

Não havendo adaptação para a visão próxima nem para a longínqua, haverá necessidade do uso de lentes que suprirão essa deficiência; lentes que poderão ser usadas num caso ou noutro, ou em ambos ao mesmo tempo; lentes divergentes para a miopia, lentes convergentes para a hipermetropia.

O oftalmologista usa, para examinar o interior do olho, um aparelho chamado *oftalmoscópio,* inventado por Helmholtz em 1851. Com esse aparelho, o médico pode examinar o globo ocular, único lugar onde nervos e vasos sanguíneos podem ser vistos ao natural, vivos e ativos.

Isso é muito útil especialmente quando o indivíduo começa a envelhecer, pois, por esse exame, o médico pode diagnosticar sintomas de doenças que normalmente atingem o indivíduo mais velho, como a arteriosclerose e problemas de pressão. Mas muitas doenças podem ser detectadas pelo exame do fundo de olho, como a diabete, a tuberculose, doenças renais e enfermidades do próprio olho, como o glaucoma, o deslocamento da retina, a catarata e tantas outras.

9 — PROCESSO DA VISÃO DA COR

Como já vimos, a visão da cor não pode ser obtida através dos bastonetes existentes na retina. Somente a percepção dos diferentes comprimentos de onda de luz pode dar essa visão, e os bastonetes não possuem sensibilidade para distingui-los. Eles só são sensíveis às diferenças quantitativas, isto é, às diferenças de claridade. Chamamos esse tipo de *visão escotópica.* A sensibilidade máxima se dá em 505 nm de comprimento de onda (luz fraca). É o tipo de visão que opera a baixas intensidades.

Os cones se responsabilizam pelo que chamamos de *visão fotópica.* Operam a intensidades altas de luz e são responsáveis pela visão da cor. De fato, eles reagem de forma diferente dos bastonetes, devido aos diversos comprimentos de onda de luz que os objetos refletem. A sensibilidade máxima é de 550 nm (luz brilhante). Como os cones só atuam sob luz intensa, a visão da cor fica prejudicada à noite. Nesse período, só os bastonetes reagem.

As teorias clássicas

Muitas teorias científicas têm procurado explicar de maneira definitiva a visão da cor. Entre as principais, consideramos as que seguem.

Teoria de Young-Helmholtz

Hermann von Helmholtz (1821-1894) foi a maior expressão científica no estudo experimental do processo visual, e juntamente com Thomas Young[11], gênio universal, foram os iniciadores dos modernos estudos de visão cromática. Young, ao estabelecer a primeira teoria sistemática da cor — afirma James Clerk Maxwell (1831-1879)[12] —, procurou a explicação da existência de três cores primárias não na natureza da luz, mas na constituição do homem.

A maior parte dos fenômenos relacionados com a percepção da cor pode ser explicada pela existência, no olho humano, de três cones receptores, ou estímulos de excitação, sensíveis à luz, um para cada uma das três cores primárias. São chamados valores triestímulos fisiológicos ou psicofisiológicos, que correspondem à percepção azul-violeta, verde e vermelho-alaranjada do olho humano normal, isto é: cones receptores que reagem, respectivamente, ao azul-violeta, ao verde e ao vermelho-alaranjado.

Não existem, portanto, na nossa visão, receptores para amarelo, cian e magenta. Como, então, conseguimos ver essas e demais cores? O cian, por exemplo, forma-se no nosso cérebro quando os receptores verde e azul-violeta reagem simultaneamente e com a mesma intensidade. Caso a intensidade de um dos dois diminua ou aumente, a cor resultante será menos ou mais intensa. Os receptores verde e vermelho podem reagir simultaneamente e formar o amarelo. Assim, o estímulo de cor que chega à retina vai estimular os diferentes tipos de cones de modo diverso, de acordo com sua construção espectral. Consequentemente, as células vão transmitir ao cérebro valores diferentes. A sensação de cor se produziria pelo processo de mescla aditiva de cores. A televisão a cores se baseia neste processo. Segundo essa teoria, a estimulação desses três tipos de cones diversos vai produzir cem mil ou mais sensações diferentes da cor no cérebro. A sensação de amarelo, por exemplo, advém da estimulação com igual intensidade dos cones sensíveis ao verde e ao vermelho. Entretanto, temos observado, na vida diária, que um daltônico, no lugar do verde e do vermelho, consegue visualizar o amarelo, o que é uma pequena falha na teoria de Helmholtz.

[11] Desenvolveu a Teoria das Três Cores, conhecida também como Teoria Young-Helmholtz.

[12] Físico escocês que ficou conhecido pelas suas experiências com eletricidade.

Isso quer dizer que, com apenas umas cores principais, podemos formar outras simplesmente misturando-as. Nunca podemos identificar os componentes de uma terceira cor formada. Afirma Richard Gregory (1960) a esse respeito: *"É preciso que sejamos muito claros neste ponto, sobre o que entendemos por mistura de cores. O pintor mistura amarelo e azul para produzir verde, mas ele não está misturando luzes; o que ele mistura é o espectro total de cores menos as cores absorvidas pelos seus pigmentos. Isso é tão confuso que o melhor é esquecer os pigmentos e considerar apenas a mistura de luzes coloridas, as quais podem ser reproduzidas por filtros ou por prismas ou por redes de interferências".* E essa foi a primeira experiência de Young.

Teoria de Hering

Outra teoria, a do fisiologista alemão Ewald Hering (1834-1918), defende a existência de três variedades de cones de dupla ação. Um grupo de cones seria sensível às luzes azul e amarela; outro teria sensibilidade às luzes verde e vermelha; e o terceiro grupo seria excitado pelo preto e pelo branco. De acordo com essa teoria, as cores azul, verde e "preta" recompõem a substância das células, mas essa mesma substância é destruída pelo amarelo, pelo vermelho e pelo "branco".

Para Hering, existem realmente três cores primárias: vermelho, cujo negativo é o verde; amarelo, tendo por negativo o azul; e um terceiro processo primário acromático: o branco e preto. Este atua como fator de luminosidade.

Teoria de Ladd Franklin

Uma terceira teoria, a da psicóloga americana Christine Ladd Franklin, diz que a visão da cor é um fenômeno de evolução. Assim sendo, a visão do homem primitivo era formada apenas por bastonetes, e ele, em consequência, só distinguia o branco, o preto e o cinzento. Houve uma evolução, e os bastonetes se transformaram, no centro da retina, em dois tipos diferentes de cones: um sensível às ondas de luz que produzem a sensação do amarelo, e outro reagente às ondas curtas, que resultam na sensação do azul. Uma nova evolução transforma os cones sensíveis ao amarelo, mais localizados no centro da retina, em cones com sensibilidade ao vermelho e em cones que reagem ao verde.

Outras teorias

Küppers (1973) diz, em sua obra, que há uma outra teoria, a qual supõe um só tipo de cones, todos sensíveis a variações de longitude de ondas e de intensidade. Diferem dos bastonetes, pois estes só registram as diferenças de tonalidade.

Em vista das principais teorias expostas sobre a cor, não devemos nos esquecer dos estudos realizados em 1810 por Johann Wolfgang von Goethe (1749-1832), cuja teoria das cores fica à margem das teorias e sistemas usuais. Ele distingue a teoria das cores num processo fisiológico em que as imagens subjetivas são como sombras cromáticas (foi o primeiro que explicou isso), e as ilusões, oriundas da interpretação das diferenças de cores de claridade e de duas superfícies, num processo físico que ele defende, em oposição a Newton, o da uniformidade da luz branca. A luz deve misturar-se com o escuro para obter a cor, e o escurecimento se daria através de meios. Por isso, uma fonte luminosa, passando pelo ar carregado de vapores, aparece amarela e, quanto mais carregada, mais aparecerá vermelha. A cor azul do céu viria do fato de ser a escuridão do espaço infinito; iluminada pela luz do dia através de vapores atmosféricos, a cor do céu é vista como azul.

Embora não se tenha uma confirmação científica irrefutável, parece aceitável a teoria dos três diferentes tipos de cones de Young-Helmholtz. Essa teoria tem sido aperfeiçoada e muitos detalhes foram acrescentados.

Entretanto, embora a Neurofisiologia nos explique todo o processo da visão da cor, é inegável que há uma participação do intelecto no reconhecimento exato das diversas tonalidades cromáticas.

Assim como o músico precisa educar o ouvido para distinguir conscientemente os tons musicais, o indivíduo que utiliza profissionalmente a cor precisa educar a vista para realizar com precisão a discriminação cromática.

10 — PERCEPÇÃO DA LUZ BRANCA E ADAPTAÇÃO AO ESCURO

Considerando as teorias expostas no item anterior e os últimos estudos realizados no campo das sensações visuais, graças ao aperfeiçoamento de equipamentos eletrônicos que procuram vislumbrar, desvendar, descobrir em profundidade os últimos detalhes do processo neurofisioiógico do principal sentido humano, chegamos a conclusões, aparentemente reais, que nos permitem seguir este estudo sobre a cor para sua aplicação na criatividade em comunicação. Conclusões que, na realidade, se configuram basicamente na percepção da luz branca e na adaptação visual ao escuro.

De fato, conforme as análises mais avançadas sobre a percepção das cores, estimulando os três tipos de cones existentes em proporções aproximadamente idênticas, teremos a *sensação do branco.*

O branco seria, portanto, uma combinação de todos os comprimentos de onda do espectro, mas, como cor, na realidade, não existe.

Podemos, entretanto, conseguir a sensação do branco pela combinação de apenas três cores (verde, azul-violeta e vermelho-alaranjado) que tenham a propriedade de estimular determinados cones.

Todos nós já passamos pela experiência de nos sentirmos momentaneamente cegos, ao sairmos de um lugar intensamente iluminado e passarmos para um outro totalmente escuro. Sabemos que, depois de um certo tempo, começamos a perceber fracamente os objetos. Temos até a impressão de que eles estão sendo gradualmente iluminados.

Entretanto, esse efeito se deve inteiramente a mudanças que ocorrem no olho, permitindo uma adaptação de nossa vista ao escuro, e que chamamos de *visão escotópica* — ou de *visão de bastonetes,* como dissemos em item anterior.

O processo de adaptação ao escuro realiza-se em forma normal, para qualquer vista normal, em virtude de dois fatores: (a) aumento da sensiblidade dos bastonetes e (b) dilatação da pupila, que permite maior entrada de luz nos olhos.

O aumento da sensibilidade dos bastonetes se deve à regeneração de uma substância sensível à luz, chamada de *púrpura visual* ou rodopsina[13], como geralmente é conhecida na terminologia científica. Ela é de natureza proteica. Essa proteína liga-se a um pigmento do grupo dos carotenoides, formando o complexo *proteína-pigmento,* o qual, ao receber a luz, perde a cor. Essa perda se deve à saída do pigmento do complexo, que se converte em vitamina *A.* Pois bem quando passamos da luz para o escuro, a rodopsina é sintetizada novamente, transformando-se numa substância fotossensível e permitindo que os bastonetes, nossos receptores visuais, se tornem sensíveis a quantidades mínimas de luz.

11 — VISÃO DEFEITUOSA DAS CORES

Uma pessoa é considerada normal em relação à percepção das cores quando distingue todas as cores do espectro solar.

Algumas pessoas possuem a retina totalmente insensível à cor. O meio ambiente é visto por elas em branco e preto ou em vários tons de cinza. Esse fenômeno, que é muito raro, chama-se *acromatismo.*

A visão cromática normal resulta da distinção de mescla de três quantidades de luz: claro-escuro (luminosidade), vermelho-verde e amarelo-azul.

Chamamos de *tricrômato normal* o indivíduo que reúne essas condições. *Tricromatopsia normal* é a percepção normal de todas as cores. *Tricromatopsia anômala* é a percepção anômala das cores:

Protanomalia é a percepção anômala do vermelho;

---

[13] Do grego *rhodon* (rosa) e *ops* (olho).

Deuteranomalia, a percepção anômala do verde;
Tritanomalia, a percepção anômala do azul.

A deuteranomalia é a mais comum. Em seguida, vem a protanomalia. A tritanomalia é muito rara. Esses defeitos de percepção das cores (segundo estatísticas) variam enormemente entre os diversos povos.

Existe um instrumento, chamado *anomaloscópio,* que testa esses defeitos. Foi inventado por Lord Rayleigh, célebre físico inglês.

O *daltonismo*[14], anomalia hereditária ainda não perfeitamente definida, pode ser do tipo protânopo, no qual o indivíduo afetado manifesta pouca sensibilidade ao vermelho e confunde o vermelho, o laranja, o amarelo e o verde; e do tipo deuterânopo, quase igual ao tipo anterior, com a diferença de que sua visão do espectro solar é mais próxima do normal por não estar o espectro encurtado no vermelho, enquanto no outro é encurtado do lado dos grandes comprimentos de onda. Essa anomalia congênita do aparelho visual é hereditária, está ligada ao sexo e provavelmente resulte de ausência de um gene do cromossomo X.

Dos indivíduos que sofrem de daltonismo, 95% são do sexo masculino, constituindo 10% da população masculina mundial.

Outras informações e estatísticas, de origem europeia, indicam um homem daltônico em 24 e uma mulher daltônica em 286. O homem herda essa acromatopsia (visão defeituosa das cores) da mãe, que, por sua vez, pode ou não ser daltônica. Se não o é, pode ser transmissora. A mulher daltônica vem de pai daltônico.

As deficiências da percepção da cor, quando adquiridas, são mais raras e podem ser temporárias ou progressivas. As causas podem ser, por exemplo, atrofia óptica, descolamento da retina, trauma, tumores cerebrais e outros.

Existem vários métodos experimentais para revelar as discromatopsias. Exemplo: os quadros pseudoisocromáticos (livro de Ishiara), as lãs de Holmgreen e outros.

À medida que envelhece, o indivíduo vai perdendo a sensibilidade ao azul, em razão de uma alteração química do cristalino. Um adulto distingue menos tonalidades do azul do que uma criança.

A cegueira e a deficiência visual às cores se devem sempre a um funcionamento anormal dos cones.

Um dos defeitos visuais que algumas pessoas apresentam é a cegueira noturna, que está associada à carência de vitamina A na púrpura visual dos bastonetes, que passam a não reagir às diferenças de iluminação. Essas pessoas podem ver durante o dia porque o funcionamento dos cones é normal. Mas, como estes não funcionam à noite e os bastonetes estão defeituosos, elas têm uma visão inadequada à noite.

---

[14] Descoberta do químico John Dalton, em finais do século XVIII.

parte 3

O FENÔMENO DO CROMATISMO

Imagine-se alguém que apontasse para um lugar
na íris de um olho de Rembrandt, dizendo: "As paredes
do meu quarto deveriam ser pintadas com esta cor".

Ludwig Wittgenstein

1 — O ESPECTRO DA RADIAÇÃO ELETROMAGNÉTICA

Podemos entender como espectro eletromagnético o conjunto de todas as ondas conhecidas, de acordo com sua longitude. Essas ondas se estendem por todo o universo.

Como já dissemos, a unidade usada para medir o comprimento de onda e dos raios visíveis é o nanômetro (nm)[1]. Ondas mais longas, como as radiofônicas, são medidas em metros (m) ou até em quilômetros (km).

As radiações consistem em vários tipos de vibrações: ondas de rádio, infravermelhas, visíveis, ultravioleta, gama e cósmicas. Nesse grande espectro, cientistas confirmam a formação de cerca de dez milhões de cores que, teoricamente, invadem o campo visual humano. Entretanto, nossa retina registra apenas as sete cores do espectro solar e suas variações.

As ondas compreendidas no setor que vai aproximadamente de 400 a 800 nm possuem propriedades com capacidade para estimular a retina. Esse estímulo vai provocar a sensação luminosa a que damos o nome de "luz" e vai ocasionar o fenômeno da cor. O vermelho, por exemplo, possui um comprimento de ondas de 630 nm. Os raios que estão além dos 800 nm são os chamados infravermelhos, e os que se distanciam menos de 400 nm são os ultravioletas. Ambos não são percebidos pela visão humana.

---

[1] Um nanômetro (1nm) é igual a 10^{-9} m, ou seja, um bilionésimo do metro.

Os raios ultravioleta, por exemplo, possuem comprimentos de onda que variam de 300 a 400 nm, com todo o seu poder químico e também bactericida. Eles impressionam uma chapa fotográfica e podem ser obtidos artificialmente com lâmpadas de quartzo. São utilizados também em Medicina para descobrir alimentos alterados ou estragados. Podem detectar falsificações em pinturas e papel-moeda, e são aproveitados também na promoção de vendas a fim de provocar fluorescência e realce em alguns produtos. As radiações ultravioleta são responsáveis pelas queimaduras de pele, quando o indivíduo se expõe durante muito tempo aos raios intensos do Sol.

Os raios infravermelhos possuem comprimentos de onda que variam de 800 a 3.000 nm, de onde provêm sua ação radiante, seus efeitos térmicos e suas aplicações fisioterápicas.

Os raios X, ou Roentgen[2], muito usados para diagnósticos clínicos em Medicina (radioscopia, radiografia), em Cristalografia e Engenharia, possuem um comprimento de onda calculado em um bilionésimo de metro e alcançam a zona da luz ultravioleta. O homem consegue se proteger deles com chapas de chumbo, que absorvem grande parte dessas radiações.

Os raios gama – uma decomposição dos raios cósmicos – têm comprimento de onda ainda mais curtos que os raios X, ou seja, da ordem de um bilionésimo de milímetro.

As radiações cósmicas apresentam comprimentos de onda curtíssimos, abaixo de um bilionésimo de milímetro.

A televisão convencional funciona com ondas eletromagnéticas de mais ou menos 1 m; o rádio, com ondas de 1 km; e a corrente elétrica necessita de ondas de 1.000 km.

As radiações visíveis, isto é, aquelas às quais o olho humano é sensível, têm comprimentos de onda que se estendem desde 380 até 760 nm.

Cada faixa de comprimento corresponde a uma luz de determinada cor. A variação é contínua, mas, convencionalmente, admite-se a seguinte tabela para caracterização dos comprimentos:

Cores	Limites dos comprimentos de onda (nm)
Roxo ou violeta	380-450
Azul	450-500
Verde	500-570
Amarelo	570-590
Laranja	590-610
Vermelho	610-760

[2] Denominação patronímica a partir de Wilhelm Konrad Roentgen (1845-1923), físico alemão, Prêmio Nobel de Física em 1901, descobridor dos raios X.

Vejamos, na figura a seguir, o "Espectro óptico" em que figuram todos os tipos de raios e, em particular, todas as radiações visíveis com seus respectivos comprimentos de onda em nanômetros, isto é a unidade de medida que corresponde ao bílionésimo do metro (0,000000001 m).

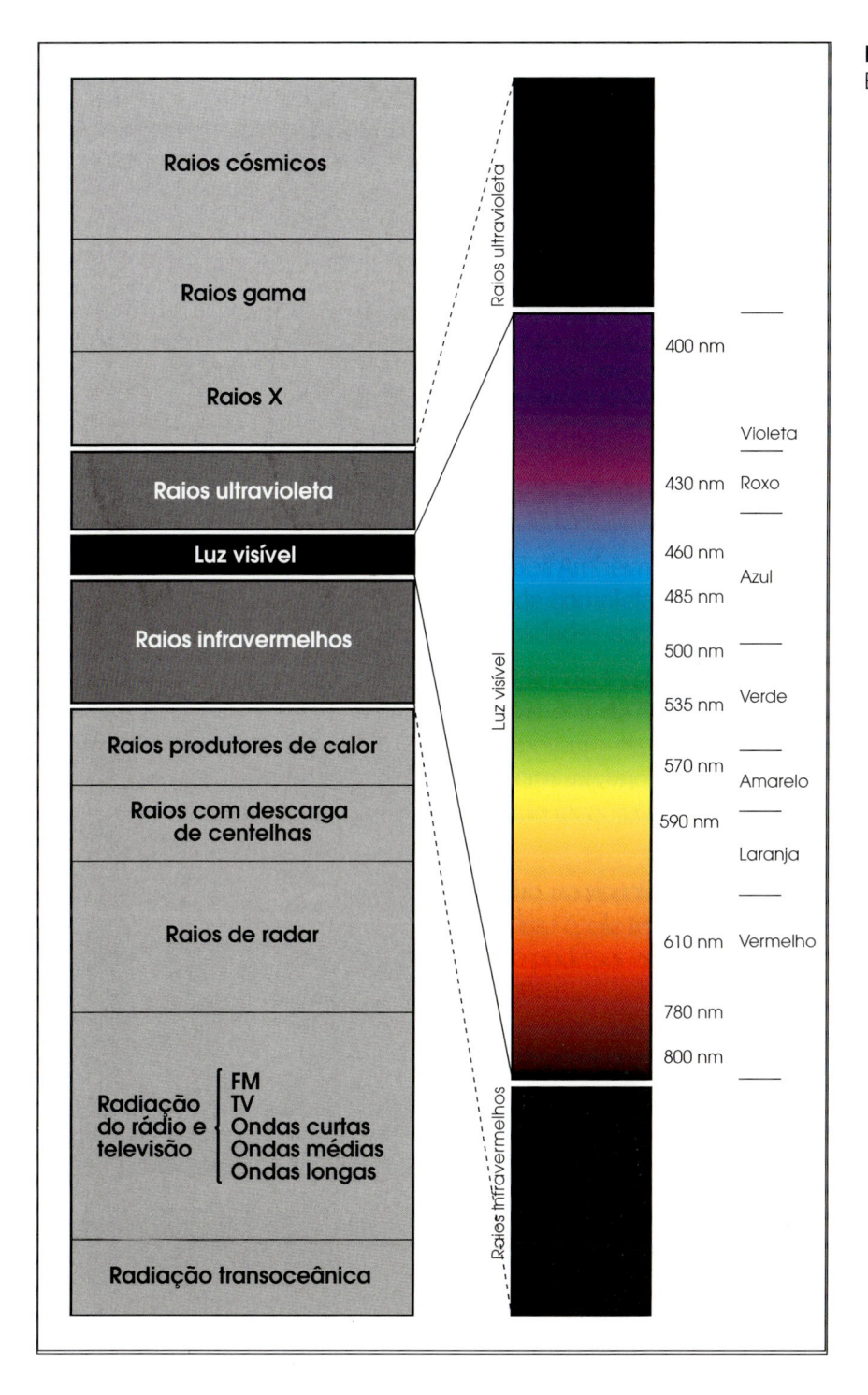

Figura 1
Espectro óptico.

2 — O ESPECTRO DA LUZ VISÍVEL E O FENÔMENO DO CROMATISMO

Como vimos anteriormente, o espectro eletromagnético é um campo vastíssimo de ondas, das quais apenas algumas são percebidas pelo olho humano. De fato, elas possuem a capacidade de estimular a retina, provocando uma sensação luminosa que chamamos de luz.

O olho percebe as oscilações eletromagnéticas de comprimentos diferentes como cores diversificadas, e as superfícies dos corpos exercem uma ação seletiva em relação aos raios luminosos: podem absorvê-los ou refleti-los.

Veremos o objeto totalmente branco quando ele refletir todas as radiações luminosas que o alcançam; nesse caso, as diferentes longitudes de ondas vão chegar simultaneamente ao olho. E, quando a superfície do objeto absorver totalmente as diversas longitudes de onda, não refletindo nenhuma delas, o olho obviamente não captará radiação alguma e o objeto será visto integralmente preto.

Entretanto, se só uma parte dos comprimentos de onda que compõem a luz branca incidente for absorvida pela superfície do objeto, este refletirá uma ou algumas delas. As que forem refletidas são captadas pelo olho e o indivíduo perceberá o objeto como vermelho, amarelo, verde etc.

À noite, como não existe teoricamente nenhuma radiação luminosa incidindo sobre os objetos, estes são regularmente vistos como pretos.

A dedução óbvia é a de que a cor não tem intensidade própria porque depende diretamente da luz. Ela é, na realidade, uma parte da luz. Se assim não fosse, poderíamos percebê-la mesmo no escuro.

O termo cor é sempre equivalente à expressão cor-luz. Podemos dizer que a cor — essa palavra mágica e lúdica que invade todos os domínios da nossa vida e participa deles — constitui um evento psicológico.

A Física nos explica que a luz é incolor. Somente adquire cor quando passa através da estrutura do espectro visual. Concluímos, pois, que a cor não é uma matéria, nem uma luz, mas uma sensação.

Em termos da *Comunicação,* diríamos que a cor, para existir, pressupõe:

emissor — objeto, cuja superfície reflete a luz;

codificador — condições físicas do objeto para refletir a luz;

canal — raio de luz;

mensagem — cor;

decodificador — aparelho visual do indivíduo;

receptor/intérprete — cérebro do indivíduo.

A cor existe, pois, em função do indivíduo que a percebe, e depende da existência da luz e do objeto que a reflete. Ela é a impressão que os raios de luz refletida produzem no órgão da visão e que geram sensações.

Todas as cores que não percebemos estão presentes na luz branca. Sua dispersão, isto é, a dispersão da luz, origina o fenômeno do cromatismo. A luz branca, o branco que percebemos, é, portanto, *acromático,* isto é, não tem cor. O mesmo diremos do preto, que representa a absorção total de todas as cores, ou seja, a negação de todas elas.

A cor depende, pois, da natureza das coisas que olhamos, da luz que as ilumina, e ela existe enquanto sensação registrada pelo cérebro. O olho recebe a cor como mensagem e a transmite ao cérebro, receptor do indivíduo.

Portanto, a cor existe quando produzida por estímulos luminosos na retina e por reações do sistema nervoso.

À capacidade de o olho humano registrar a existência de uma cor damos o nome de *luminância.*

Segundo o pesquisador francês Déribéré, (1969) *"o fenômeno do cromatismo, produzido pelas vibrações do éter, dá como resultante a percepção, pelo indivíduo, das diferentes cores do espectro, e que se explicam pelos comprimentos das ondas luminosas, cuja gama se estende pelos 790 a 450 bilhões de hertz".* O pesquisador afirma que a luz seria difundida pelo movimento vibratório de um meio hipotético, o éter, que constitui o suporte elástico, no qual a luz se manifesta sob forma de ondas.

As radiações de um só comprimento de onda vão produzir as cores monocromáticas. Qualquer outra cor imaginável é uma mistura delas dentro de intensidades diversificáveis.

Na natureza não existem, na realidade, cores totalmente puras. Por isso as radiações monocromáticas têm, na vida cotidiana, uma importância unicamente teórica.

A luz solar (o espectro óptico) contém todas as cores que o homem pode visualizar. Colocando um prisma à frente de um pequeno orifício, em um quarto escuro, que permita a passagem de um raio de sol, consegue-se projetar, num anteparo branco, uma faixa com várias cores, a qual chamamos de *espectro,* ou em latim, *spectrum.*

A luz, ao atravessar o prisma, desdobra-se nas cores do espectro. As ondas mais longas produzem a sensação de vermelho, sendo também as que sofrem menor desvio (refração). As mais curtas são as que nos permitem ver o violeta e também as mais sujeitas a maior desvio. Esses índices de refração distintos é que explicam a formação do espectro.

Quando o raio luminoso passa de um meio para outro, desvia mais ou menos sua direção segundo seu comprimento de onda. As radiações de ondas longas se desviam menos de sua direção primitiva. Os raios de ondas curtas, como já dissemos, se desviam mais.

Como já vimos anteriormente, o olho funciona com três tipos diferentes de cones que são sensíveis a diferentes zonas do espectro. Uns reagem a radiações de ondas curtas, outros às médias e os últimos são estimulados com raios de ondas longas. Temos, então, cones que reagem ao azul-violeta, ao verde e ao vermelho-alaranjado.

Analisemos as cores em que se decompõe o raio de luz ao ser refratado por um prisma de cristal: as zonas espectrais são definidas pelas cores azul-violeta, verde e vermelho-alaranjado. É fácil observar que elas correspondem exatamente aos diferentes cones, cujas sensibilidades reagem a essas mesmas zonas espectrais.

3 — SENSAÇÕES VISUAIS ACROMÁTICAS E CROMÁTICAS

As *sensações visuais acromáticas* são aquelas que têm apenas a dimensão da luminosidade. Elas não são cores. Incluem-se todas as tonalidades entre o branco e o preto, isto é, o cinza-claro, o cinza e o cinza-escuro, formando a chamada *escala acromática* com a variação de luminosidade que se efetua com sucessão de espaços regulares e contínuos (escala de cinza).

Figura 2
A escala acromática do cinza tem largo emprego em publicidade.

O branco e o preto não existem no espectro solar. A cor branca é a síntese aditiva de todas as cores, e a cor preta, o resultado da síntese subtrativa, isto é, a superposição de pigmentos coloridos.

A escala acromática do cinza tem grande emprego no campo publicitário. É muito importante saber usar os valores tonais de branco e preto na composição gráfica.

As *sensações visuais cromáticas* compreendem todas as cores do espectro solar. Elas são experiências visuais. Denominamos as componentes cromáticas resultantes da refração da luz: violeta, índigo, azul, verde, amarelo, laranja e vermelho.

A mescla de sensações cromáticas, e que denominamos *mesclas aditivas,* seriam cores básicas aditivas: azul-violeta, verde e vermelho. Elas têm por base inicial o preto.

A mescla de duas cores básicas aditivas resultará nas cores básicas subtrativas: amarelo, magenta e azul.

Magenta é o nome para indicar a cor púrpura, e se produz pela superposição do azul-violeta com o vermelho. Trata-se de um vermelho isento de amarelo e de azul.

QUADRO 1

Síntese aditiva — Luzes básicas: vermelho, verde e azul-violeta

luz vermelha + luz verde = amarelo;
luz vermelha + luz azul-violeta = magenta;
luz azul-violeta + luz verde = azul.

Isto é, o amarelo, o magenta e o azul-violeta são resultado da adição de duas cores. A incidência das luzes vermelha, verde e azul-violeta produz o branco.

Síntese subtrativa — Cores básicas: magenta, amarelo e azul

amarelo + azul = verde;
amarelo + magenta = vermelho;
magenta + azul = azul-violeta.

Em termos de cores subtrativas, o resultado de duas cores sempre produz uma terceira. Se colocarmos as três cores — amarelo, magenta e azul — juntas, produziremos o preto.

Observação:
É importante saber que as cores aditivas são as cores da luz (são as cores da televisão, por exemplo), e as cores subtrativas são aquelas dos impressos em geral, como revistas e livros.

Figura 3
Síntese aditiva das cores. (a) a superposição do verde sobre o azul-violeta dará o azul; (b) com a superposição do verde sobre o vermelho, teremos o amarelo; (c) com a superposição do vermelho sobre o azul-violeta, teremos o magenta; (d) o branco resultará da síntese aditiva de todas as cores.

Figura 4
Síntese substrativa das cores. (a) com a superposição do amarelo sobre o azul, teremos o verde; (b) com a superposição do azul sobre o magenta, teremos o azul-violeta; (c) com a superposição do magenta sobre o amarelo, teremos o vermelho; (d) com a superposição de todos os pigmentos coloridos, teremos o preto.

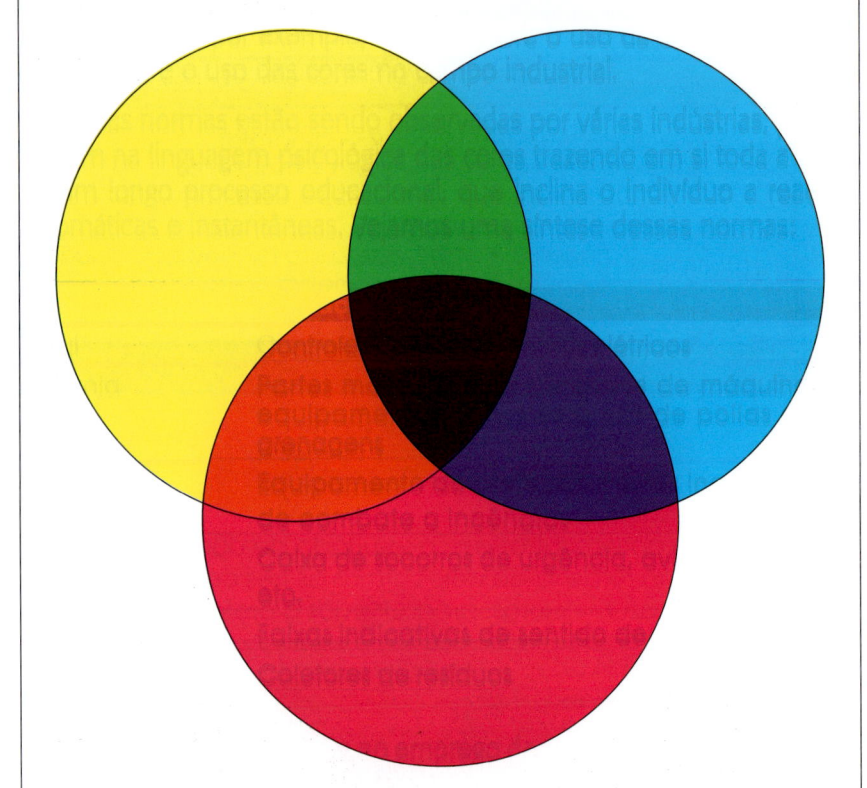

Internacionalmente estão sendo aceitas como *cores primárias* (ou *básicas*, ou ainda *originais*) o amarelo, o magenta e o azul. Com essas denominações, pretende-se uma unificação na nomenclatura das cores.

Chamam-se *cores secundárias* (ou *complementares*) as que, ao se mesclarem, se anulam em branco: vermelho, verde e azul-violeta.

Consideremos o seguinte esquema:

Cores primárias	*Cores secundárias*
magenta	vermelho
amarelo	verde
azul	azul-violeta

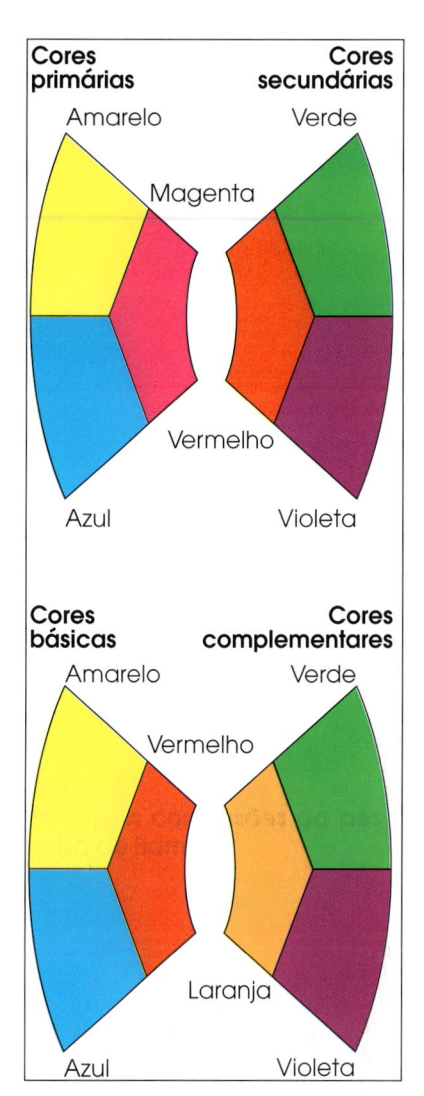

Com referência à Publicidade, apresentamos um esquema diferente porque, na prática publicitária, não podemos considerar o espectro solar básico na aplicação das cores, pois ele é, em essência, psicológico. É mais um meio de estudo das sensações. Para os estímulos reais, que interessam à Publicidade, consideraremos o seguinte:

Cores básicas	*Cores complementares*
vermelho	laranja
amarelo	verde
azul	azul-violeta

O psicólogo e fisiologista alemão Wilhelm Wundt (1832-1920) esquematizou as cores, o que permitiu estabelecer uma relação entre elas numa combinação harmônica. Um terço delas foi considerado como cores quentes e o restante como cores frias.

Colocando as cores básicas e complementares em círculo, Wundt construiu uma forma geométrica que sintetiza toda a dinâmica das cores aplicável à criação publicitária.

Qualquer uma das três cores básicas possui um grau de contraste com sua congênere:

Figura 5
A relação entre as cores básicas e as complementares.

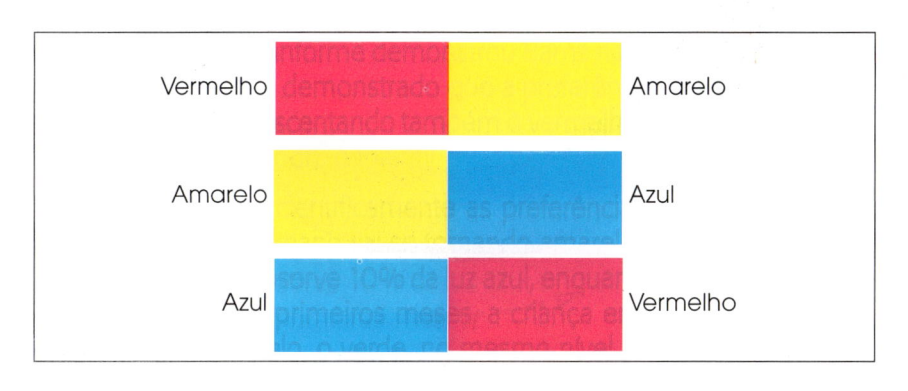

Figura 6
Contraste das cores básicas.

Figura 7
Justaposição das cores básicas com as complementares.

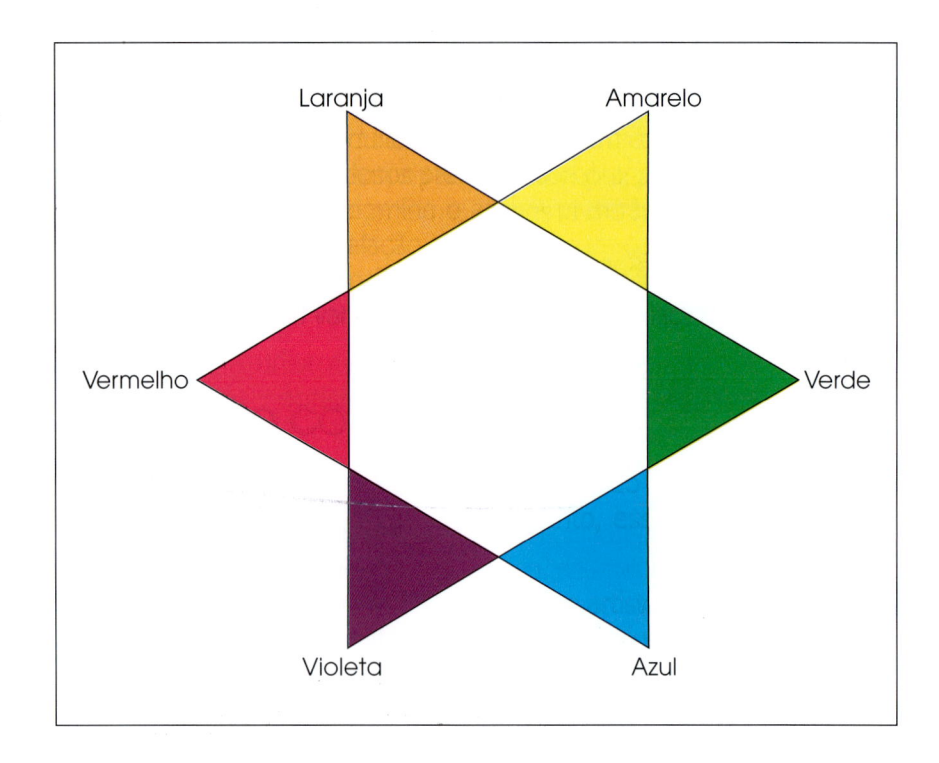

Figura 8 - Círculo de Wundt
Aos fins práticos da criatividade de uma peça publicitária
não se considera muito a
simples aplicação do espectro solar. Do ponto de vista
da percepção cromática,
o verde é considerado cor
primária, e, na teoria física
da luz, é apreciado como cor
secundária. Por esse motivo o
criador publicitário considera
primeiramente as cores que
mais lhe interessam como estímulos reais ao consumidor.

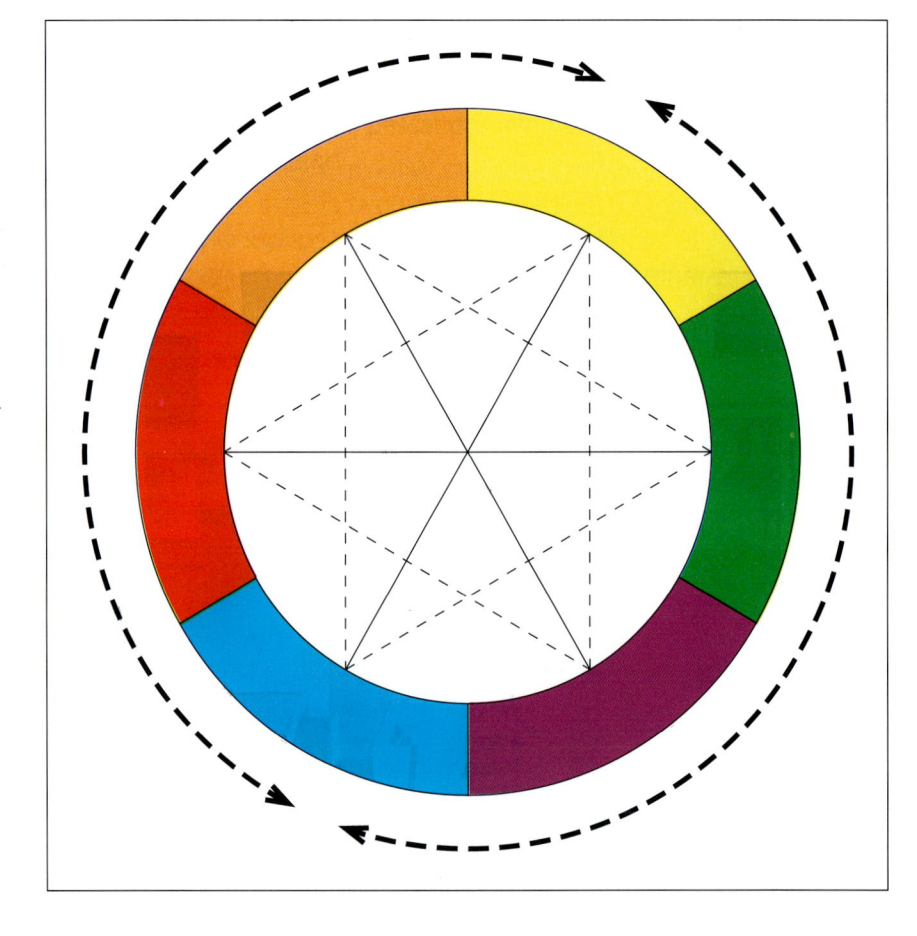

Contudo, a aproximação que pode resultar é particularmente fria.

As cores complementares possuem uma função importante em publicidade, especialmente por sua oposição às cores básicas. Na justaposição das cores básicas com as complementares, verificaremos que:

- as cores se harmonizam por triangulação:
vermelho; amarelo; azul.

- as cores se complementam por oposição:
vermelho — verde; amarelo — violeta; azul — laranja.

4 — ESCALAS CROMÁTICAS

Qualquer variação que se verifique na mesma cor, seja no tom, na saturação ou na luminosidade, produz uma modulação. Se essa modulação se verifica a intervalos regulares e contínuos, dizemos que há uma *escala.*

Chamamos de escalas cromáticas as que se referem às cores propriamente ditas. Nesse sentido, elas podem ser monocromas e policromas.

Escalas monocromáticas referem-se a uma só cor. Escalas policromáticas apresentam a modulação simultânea de várias cores.

Aprender como realizar essas escalas é tão importante para o artista como é essencial ao publicitário. Veremos, a seguir, como esses ensinamentos são usados na prática, conseguindo efeitos de comunicabilidade, de dinâmica, de calor, de frieza, de profundidade, de proximidade, de peso, de opressão e tantos outros.

A força da cor é de uma sugestionabilidade incomparável e, portanto, um recurso de alto valor na Publicidade.

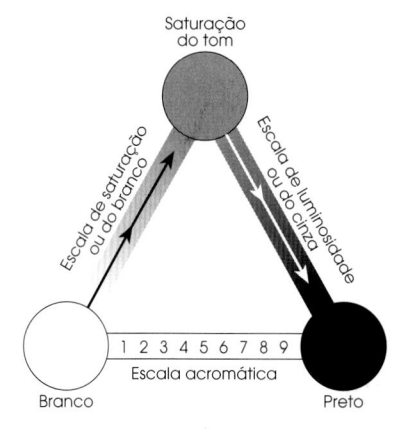

5 — ESCALAS MONOCROMÁTICAS

Podemos conseguir realizar uma escala monocromática de várias maneiras. Há possibilidade de conseguir modular uma cor através da variação da luminosidade, da saturação ou do valor. Uma escala monocromática pode ser realizada, também, misturando-se um tom com outra cor.

Partindo do "branco", vai-se lentamente acrescentando uma cor até chegar-se a uma determinada saturação. É uma *escala de saturação,* também chamada *escala do branco.*

A *escala de luminosidade* é a que se consegue ao se acrescentar, aos poucos, a uma cor saturada, certa quantidade de "preto".

A escala que vai da cor branca à cor preta, numa mistura crescente, é chamada *escala de valor* ou *escala de cinza.*

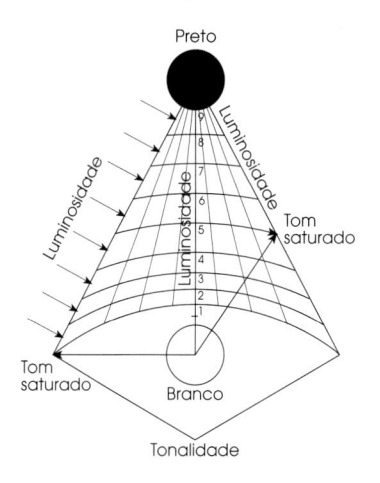

Figura 9
Escala acromática e grau de saturação de cada tom através dos eixos radiais.

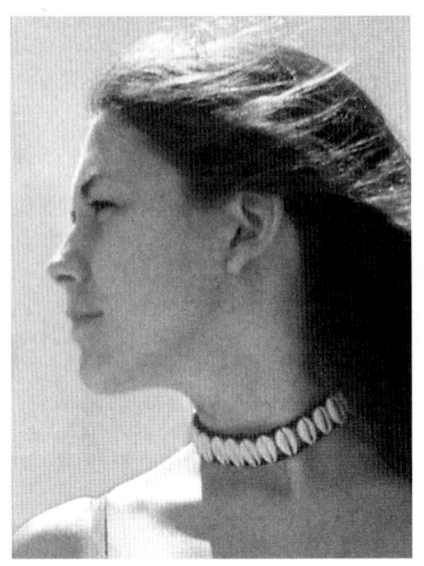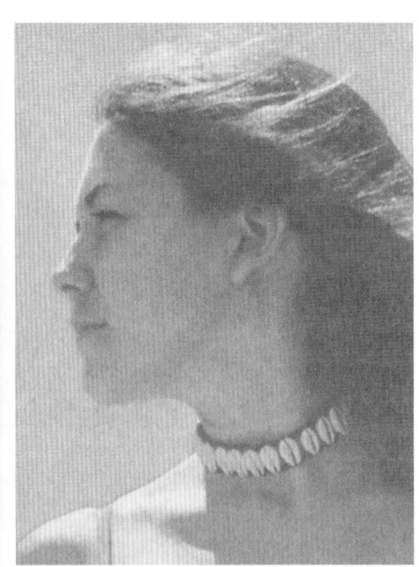

Figura 10
A mesma foto na escala de cinza (cinza normal, quase preto, cinza e cinza-claro).

Podemos dividir as escalas em baixa, alta e média. Nas escalas baixas, usamos valores escuros (muita cor preta, pouca luminosidade). Nas escalas altas, empregamos valores claros (muita cor branca, muita luminosidade). Nas escalas médias, definimos a pouca distância dos tons saturados (cor pura).

Podemos, também, chamar as escalas de maiores ou menores. Escala maior é a que apresenta intervalos de modulação muito grandes. Aqui, oferecem um contraste mais violento. A escala menor é a que se realiza com espaços menores. O contraste entre os tons, nesse caso, é mais harmonioso, menos brusco.

6 — ESCALAS POLICROMÁTICAS

Como o próprio nome sugere, ao contrário das escalas monocromáticas, as escalas policromáticas são realizadas através da modulação de duas *ou* mais cores. O melhor exemplo de escala policromática é o espectro solar.

6.1 — O CÍRCULO CROMÁTICO

Ampliando o círculo cromático proposto por Wundt, podemos organizar um diagrama cromático com as cores do espectro solar. Unindo os dois extremos do espectro e colocando na inserção o vermelho-magenta (que é a mescla aditiva do azul-violeta e do vermelho-alaranjado), obteremos um círculo cromático que se baseia numa disposição ordenada de cores básicas e em seus compostos.

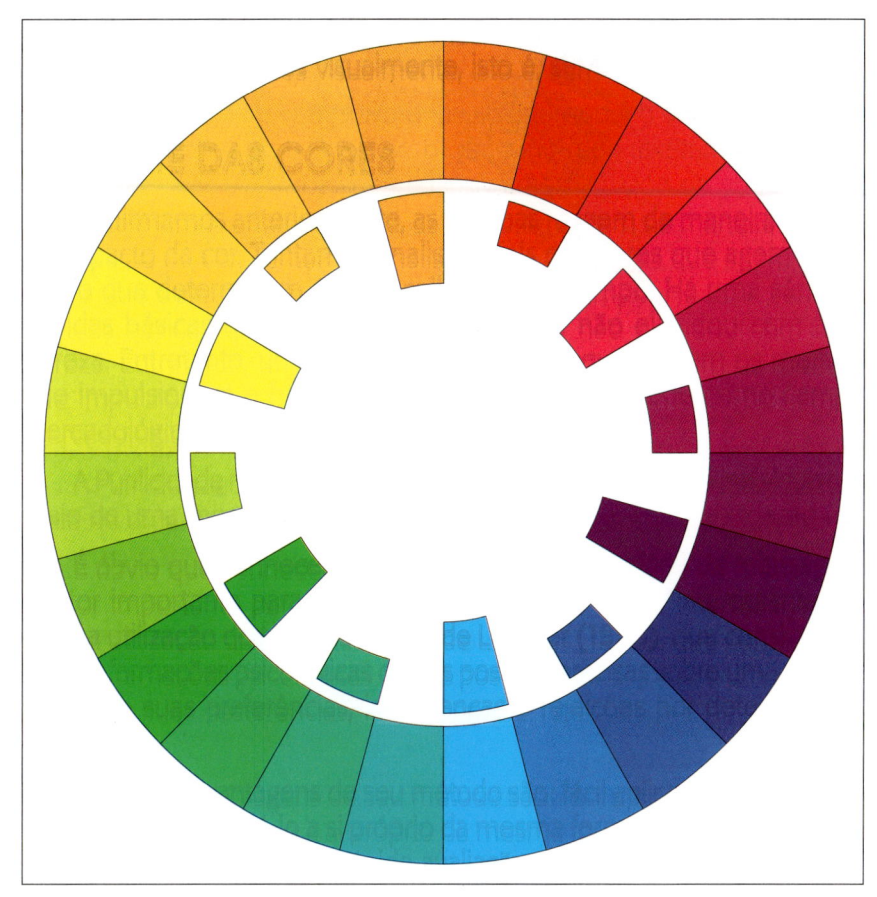

Figura 11
Círculo cromático com cores subdivididas na sequência do espectro solar.

7 — TOM, SATURAÇÃO E LUMINOSIDADE

A luz é um fenômeno que sempre despertou a curiosidade do homem. Ao longo dos séculos, os estudos foram se sucedendo em diversas direções e profundidades. Podemos citar cientistas como Isaac Newton (1642-1727), Albert Einstein (1879-1955)[3], Christian Huygens (1629-1695)[4] e outros, que dedicaram grande parte de suas vidas tentando definir e explicar as cores.

Analisando as obras de famosos cientistas e para efeito de nossos estudos sobre cor, achamos uma definição sobre a luz que despertou nossa atenção. É da Optical Society of America (OSA) (*in* Grom, 1972:70) e diz:

"La luz es ese aspecto de la energia radiante de la cual el observador humano se da cuenta a través de las sensaciones que parten del estímulo de la retina del ojo excitado por estas radiaciones".

É importante para nosso estudo gravar que a luz branca proveniente do Sol ou, então, de uma outra fonte de luz artificial é o resultado da

[3] Físico alemão, naturalizado suíço e posteriormente norte-americano. Foi Prêmio Nobel de Física em 1921, por sua teoria da natureza quântica da luz, baseada no efeito fotoelétrico.

[4] Físico e astrônomo holandês, escreveu em 1690 o seu Tratado da Luz, analisando especificamente o caráter ondulatório da luz aplicado à reflexão e à refração.

Graus de saturação

Figura 12
Graus de saturação em cores primárias. Este fenômeno acontece em todas as cores, isto é, podemos saturar qualquer cor.

radiação eletromagnética dentro de comprimentos de ondas que se situam entre 400 e 800 nm.

Já vimos que o fenômeno da cor provém da refração da luz branca; não é uma matéria, nem uma fração da luz. É uma sensação e, como tal, depende do nosso sistema visual e nervoso.

No que se refere à cor, a luz tem três características específicas: tom, saturação e luminosidade. Toda e qualquer sensação de cor se define por meio dessas três características.

7.1 — TOM

Se adotarmos a definição de Losada (1960), o tom é aquilo a que normalmente denominamos de cor. Englobamos na denominação *tom* as cores primárias e as compostas. Portanto, tom é a *variação qualitativa da* cor, e, nesse sentido, está diretamente relacionado aos vários comprimentos de onda.

Acrescentando a uma cor o branco e o preto, ou seja, o cinza, teremos uma tonalidade definida. Uma cor com branco nos dará um *matiz;* uma cor com preto nos dará um *sombreado.* Resultando, portanto, o seguinte:

> *matiz,* na fusão do *branco* com uma *cor;*
> *sombreado,* na fusão do *preto* com uma *cor;*
> *tonalidade,* na fusão do *cinza* com uma cor.

Existem vários sistemas cromáticos que estudam as tonalidades da cor. Entre eles os sistemas de Wilhelm Ostwald (1853-1932)[5], de Albert Munsell, de Alfred Hickethier, e o estudado pela Comission Internationale de l'Eclairage. Em 1973, Harald Küippers, criticando os sistemas existentes, apresenta um novo modelo, o *romboedro,* que pretendia explicar todas as relações e todas as leis das mesclas das cores. O romboedro é formado exteriormente por seis rombos, nos quais a diagonal mais curta é igual às arestas laterais.

7.2 — SATURAÇÃO

O conceito de saturação tornou-se, desde há dois séculos, uma das três noções-chave para definir a cor na sensibilidade ocidental. Pintores, críticos de arte e comerciantes de cores fazem dela um uso imoderado, ao lado das noções de valor e tom, como vimos anteriormente.

Os mostruários de cores, por exemplo, pautam-se nas noções de valor (luminosidade), tom e saturação.

Os sinônimos mais frequentes para explicar o que é a saturação são densidade e concentração. A densidade tem o mérito de ser inteligível, mas o inconveniente é estar demasiadamente afastada da ideia que os

[5] Químico alemão e Prêmio Nobel de Química em 1909 por seus estudos sobre equilíbrio químico e catálise.

artistas e químicos têm da saturação das cores. Por outro lado, e como acontece com o termo concentração, tende a confundir a cor com a matéria corante, o que é uma redução descabida: a cor do pintor não é apenas um produto químico, mas também um fato cultural e psicológico. De acordo com Pastoureau (1997:149) *"Dizer que a saturação de uma cor é a faculdade que essa cor tem de se concentrar sobre si mesma não é falso, mas não deixa de ser, ainda, uma formulação um pouco esotérica. É, contudo, uma maneira de dizer menos abstrusa do que definir a saturação como a dissolução num líquido da massa maximal de uma substância colorida e explicar a ação de saturar pelo fato de levar uma solução, colorida por uma matéria dissolvida, a conter a maior quantidade possível desse corpo dissolvido".*

Quando em uma cor não se adiciona nem o branco, nem o preto, mas ela está exatamente dentro do comprimento de onda que lhe corresponde no espectro solar, teremos uma cor *saturada*.

7.3 — LUMINOSIDADE OU VALOR

Luminosidade é a denominação que damos à capacidade que possui qualquer cor de refletir a luz branca que há nela. Também é conhecida como valor, termo empregado por vários autores, como Munsell (1936).

A luminosidade decorre da iluminação, assim como a saturação e a cor. É por isso que à noite, na praia, não vemos a areia tão branca como de dia. Quando acrescentamos o preto a uma determinada cor, reduzimos sua luminosidade.

8 — NOMENCLATURA DAS CORES

O nome da cor é também cor.
Michel Pastoureau

Quando mergulhamos no mundo das cores, somos reféns da linguagem e dos fatos do léxico. Na vida social cotidiana, o nome da cor parece em muitas circunstâncias ter um papel mais importante do que a própria cor percebida. Na vida afetiva, é quase sempre isso que acontece, pois é a cor nomeada que está carregada de maior poder onírico e mitológico. Dizer que um vestido é vermelho está sempre mais carregado de sonhos e associações até imponderáveis do que olhar calmamente para um vestido vermelho sem invocar nenhum nome de cor. De resto, é quase impossível não nomear, pelo menos em nossa mente, a cor percebida. O nome da cor faz parte integrante da sua percepção, é muito difícil dissociá-la.

Sabemos que pode haver uma distância importante entre a cor real e a cor nomeada. Não é porque um texto nos diz que determinado objeto é verde que esse objeto é realmente verde. O que também não quer dizer que não o seja. Mas os problemas não se põem desta maneira. Segundo Pastoureau (1997:117), "Uma das mais frequentes razões desta distância revela-se na figura de estilo a que chamamos metonímia, principalmente quando esta consiste em tomar a parte pelo todo. Numa casa em que todos os quartos tenham cortinas azuis e apenas um deles contenha um pequeno galão amarelo na entrada, este receberá a denominação de quarto amarelo" (para distingui-lo dos demais pela diferença).

Outro exemplo de utilização da cor é quando usamos o "pretinho básico" para nomear todo e qualquer vestido que contenha a cor preta predominantemente.

A cor é utilizada por grande número de profissionais e criadores publicitários. Para eles, o fenômeno do cromatismo e suas várias teorias são de grande importância. Por um lado, a cor é manipulada por teóricos, técnicos de reprodução, publicitários, diretores de arte, impressores, artistas, decoradores; por outro, é a base de trabalho de fotógrafos, cineastas, designers e produtores de televisão.

Todos esses profissionais, quando da aplicação das cores, divergem em vários pontos, como na discriminação das cores básicas e na sua correspondente nomenclatura. Essa indeterminação nos nomes tem gerado problemas que principalmente os fabricantes de tintas têm interesse em solucionar. Estes, de fato, procuram uma unificação nas denominações para evitar confusões.

Entretanto, analisando sob o ponto de vista linguístico, concordamos com Kurt Schauer (in Kuppers, 1973), que opina ser interessante não abandonar totalmente as denominações de azul e vermelho, que tendem a desaparecer em várias teorias. Assim, diremos vermelho-magenta para designar a cor púrpura. Essa cor não se encontra no espectro solar e resulta, como dissemos, da síntese aditiva do vermelho-alaranjado com o azul-violeta, que se obtém ao unir os dois extremos do espectro (círculo cromático). A cor azul-violeta é comumente chamada de violeta, e a cor azul-esverdeada, que figura no espectro, é a que comumente chamamos de azul. Assim, dizemos "vermelho", quando, na realidade espectral, é o vermelho-alaranjado. A maioria das pessoas costuma dizer "vermelho" ou "laranja". O que chamamos de roxo seria um magenta-azulado, isto é, um vermelho carregado tirante a violeta.

Assim, a nomenclatura por nós adotada é:

- amarelo;
- verde;
- azul;
- azul-violeta;
- magenta;
- vermelho-alaranjado.

QUADRO 1
Nomenclatura das cores em outros idiomas

Português	Espanhol	Inglês	Alemão	Italiano	Francês
Amarelo	Amarillo	Yellow	Gelb	Giallo	Jaune
Verde	Verde	Green	Grün	Verde	Vert
Azul real	Azul	Blue	Cyan	Azzurro	Bleu
Azul	Cian	Cyan ou Green blue	Cyan ou Grün	Azzurro	Vert-bleu
Azul-violeta	Violeta	Blue-purple	Blau-violett	Violetto	Violet
Violeta	Violet	Violet	Violett	Violetto	Violet
Vermelho	Rojo	Red	Rot	Rosso	Rouge Purpura
Magenta	Magenta	Purple-red	Rot-magenta	Porpora	Pourpre
Laranja	Naranja	Orange	Orange	Arancio	Oranje
Vermelho-alaranj.	Anaranjado	Red-yellow	Orange	Arancione	Rouge orange
Marrom	Marrón	Brown	Braun	Marrone	Marron ou brun
Roxo	Violeta	Violet	Violett	Violetto	Violet purple
Carmim	Colorete	Rouge	Kaminrot	Belletto	Rouge
Rosa	Rosa	Rose	Rose	Rosa	Rose
Preto	Negro	Black	Schwarz	Nero	Noir
Branco	Blanco	White	Weiss	Bianco	Blanc
Cinza	Gris	Gray	Grau	Grigio	Gris ou cendré
Bege		Cream	Beige	Crema	Beige
Lilás	Lila	Lilac	Lila	Lila	Lilas
Claro	Claro	Bright ou clear	Hell	Chiaro	Clair
Escuro	Obscuro	Dark	Dunkel	(O)scuro	Obscur
Tom	Tono	Hue	Farbton	Tono	Teinte
Saturação	Saturación	Chrome	Sättingung	Saturazione	Saturation
Luminosidade	Luminosidad	Value	Dunkelstufe	Luminosità	Luminosité

9 — FENÔMENOS DE CONTRASTE

De todo o exposto até aqui, podemos concluir que a força expressiva da cor, quando usada numa composição, está subordinada a uma série de regras, que podem alterar, aumentar ou moderar o seu poder. Conforme seu uso, a cor pode até anular sua expressividade. À medida que estudamos o fenômeno, verificamos que o impacto emocional que nos oferece a cor não é, na obra humana, gratuito. Muitos artistas procuram intencionalmente ocasionar tensão e esta resulta geralmente de forças antagônicas que se digladiam em um mesmo campo. Uma série de tons de uma mesma cor colocados juntos num plano bidimensional pode oferecer uma sensação de harmonia, e "harmonia é ordem", no dizer de Wilhelm Ostwald (1853-1932). Entretanto, essa mesma harmonia pode ser determinante de uma falta de vivacidade e não ocasionar aquilo que mais interessa ao artista: causar impacto e, por meio de uma forte tensão emocional, atrair a atenção do espectador e transmitir-lhe a mensagem desejada. Às vezes, o choque entre cores contrastantes pode ser uma coordenação de valores que atua de forma mais harmônica no conjunto do que o uso de cores realmente harmoniosas.

Entretanto, no que se refere à cor em si, chamamos de *harmônica* a combinação entre cores quando estas possuem uma parte básica da cor comum a todas. Por exemplo, a seguinte combinação pode considerar-se harmônica: amarelo, verde, azul e um laranja-suave, todas com diferentes tons ou com o mesmo tom.

Pode ser uma combinação contrastante: azul, roxo, amarelo, verde, também todos na mesma tonalidade ou com tons diferentes entre as próprias cores (um amarelo forte ou suave, por exemplo). Consideramos, portanto, contrastante a combinação entre cores totalmente diversas entre si.

Na realidade, não podemos jamais nos esquecer de que fórmulas não são receitas definitivas que podem conduzir o indivíduo a realizar uma obra de arte perfeita, ou que um publicitário consiga fazer um anúncio com o máximo de comunicação valendo-se apenas de instruções transmitidas por leis psicológicas ou dados científicos do emprego do movimento, da cor ou da luz. É importante que um espaço possa ser alterado visualmente de maneira precisa, e que isso possa também ser feito através do emprego correto da cor, assim como são importantes todos os outros informes que o estudo da percepção pode fornecer. Mas a individualidade daquele que utiliza esses recursos é, ainda, e será sempre o fator positivo no artista plástico, incluindo-se nessa definição os que fazem Publicidade por meio de Fotografia, Televisão, Desenho, Artes Gráficas e outros. Há sempre aquela centelha, aquela percepção global e própria de enfocar um problema que distingue o teórico daquele que realmente tem capacidade para realizar um trabalho de valor plástico.

Em todo caso, as leis que regem esses domínios têm grande utilidade prática quando usadas pelos que possuem o dom interior de transmitir a mensagem pela plasticidade das formas e das cores. Para esses, conhecer, entre as cores, as formas de contraste que podem conduzir a uma expressão cromática harmônica é uma forma de aumentar sua capacidade produtiva.

É fácil constatar que o uso de tons da mesma gama, embora produza uma harmonia fácil e tranquila, normalmente não satisfaz completamente. O uso de cores contrastantes, quando bem empregado, pode conduzir a um conjunto harmônico com a vantagem de despertar interesse pela vivacidade ou mesmo pela tensão que ocasiona.

Figura 13
O cinza sobre fundo preto parece bem mais claro que sobre fundo branco.

CONTRASTE ENTRE BRANCO E PRETO

O contraste entre os acromáticos branco e preto e seus tons, que variam entre eles, é bastante aproveitado na criatividade publicitária. Muitos profissionais empregam escalas de diferentes valores de luminosidade, a fim de suprir a falta de cores num determinado trabalho.

Pode-se conseguir contrastes de um tom saturado por meio de sua modulação empregando-se para isso o "branco". A modulação pode ser feita usando-se o "preto".

Contrastes também são conseguidos através do brilho, da pureza e do calor de um determinado tom.

Vejamos o que acontece com o "cinza", uma forma ou objeto "cinza", sobre um definido fundo acromático ou cromático:

- o "cinza", sobre fundo "preto", parecerá mais claro;
- o "cinza", sobre fundo "branco", parecerá mais escuro;
- o "cinza", sobre fundo "vermelho", parecerá verde;
- o "cinza", sobre fundo "verde", parecerá vermelho;
- o "cinza", sobre fundo "amarelo", parecerá roxo;
- o "cinza", sobre fundo "roxo", parecerá amarelo;
- o "cinza", sobre fundo "azul", parecerá laranja;
- o "cinza", sobre fundo "laranja", parecerá azul.

Assim, uma pessoa de pele branca, com traje preto, parecerá pálida e, se for de pele morena ou negra, com traje claro, parecerá mais escura.

Figura 14
Principais contrastes de cores com o cinza. Não há dúvidas de que o amarelo, o violeta e o vermelho são as cores que ofecerem maior contraste com o cinza e são, por isso, mais usadas em Publicidade.

CONTRASTES SIMULTÂNEOS

A cor, além de produzir uma sensação de movimento, de expansão e de reflexão, pode também nos oferecer uma impressão estática. Mas ao relacionar uma cor a outras, dentro de um espaço bidimensional, um outro fenômeno pode acontecer. Poderemos observar que os valores apresentados por uma determinada cor se alteram quando ela passa a sofrer a influência de uma ou mais cores colocadas dentro de um mesmo espaço.

Veremos que, no campo da criação publicitária, isso é muito relevante, pois envolve em grande parte o fenômeno da legibilidade e da visibilidade.

Vejamos o que pode acontecer a uma cor quando a emolduramos por uma cor contrastante.

O uso da cor complementar ao lado da primária produz efeitos que podem ter consequências diferentes, conforme a utilização que delas se fizer.

A complementar acentua o brilho da cor, o que pode aumentar o seu efeito e a sua beleza. Quer dizer, produz um efeito plástico que pode ser empregado com vantagens, e veremos como a Publicidade pode utilizá-lo conscientemente. Mas tem também a desvantagem de diminuir a legibilidade, e isso, na mensagem gráfica, é ponto fundamental.

CONTRASTE DE TOM

O contraste de tom é conseguido através do uso de tons cromáticos. Esse contraste pode ser entre as cores primárias, sem modulações, o que produz sempre um efeito violento.

O contraste entre uma cor saturada e outras atenuadas através do uso do "branco" ou do "preto" produz resultados mais suaves.

CONTRASTE DE SUPERFÍCIE

O contraste entre as superfícies ocupadas pelas cores deve se adequar ao efeito que estas produzem ao serem observadas. As cores quentes, por exemplo, têm uma expansibilidade maior e, consequentemente, requerem menos espaço, ao contrário das cores frias, que têm um movimento reflexivo e, portanto, sempre dão a impressão de ocupar um lugar menor.

CONTRASTE ENTRE CORES COMPLEMENTARES

As cores complementares (uma primária e uma secundária) oferecem oportunidade de contraste de efeitos, que pode ser usado com grande êxito, desde que quem as empregue saiba usá-las.

A harmonia pode ser conseguida pela graduação da luminosidade, pois o uso de cores complementares muito intensas, lado a lado, pode produzir efeitos talvez demasiadamente violentos.

CONTRASTE ENTRE TONS QUENTES E FRIOS

As sensações de *calor* e *frio* em relação a uma cor são relativas ao indivíduo que a vê. Mas é inegável que as cores possuem um significado psicológico e filosófico específico, que já é de importância universal, criado possivelmente pela própria vida do homem na face da Terra e intrinsecamente ligado às suas experiências diárias.

Além disso, o calor ou o frio de uma cor também estão sujeitos às relações em que as cores se situam dentro de uma composição qualquer.

Normalmente denominamos *cores quentes* as que derivam do vermelho-alaranjado e de *cores frias* as que partem do azul-esverdeado.

10 — A COR EM RELAÇÃO A DIFERENTES FONTES DE LUZ

Nossos olhos e nosso cérebro possuem uma capacidade de adaptabilidade em relação às cores que vemos, quando estas estão sujeitas a diferentes fontes de luz. Os objetos iluminados pela luz elétrica têm cores ligeiramente diferentes das percebidas quando os mesmos objetos estão expostos à luz natural. Essa diferença torna-se, entretanto, insignificante devido à reação orgânica e à memória.

Às vezes, a cor dos objetos pode ficar extremamente alterada pelo tipo de luz que os atinge. Uma lâmpada de neon, por exemplo, vai emitir, na maior parte, raios vermelhos. Emite tão poucos raios verdes ou azuis que os objetos, que, sob uma outra fonte natural de luz, seriam verdes ou azuis, irão parecer pretos, por absorverem raios vermelhos.

Os comprimentos de onda das lâmpadas fluorescentes vão produzir uma luz semelhante à do Sol, mas a distribuição dos comprimentos de onda é diferente, além de conter poucos comprimentos de ondas vermelhas. Uma bola vermelha, vista dentro de uma sala iluminada com luz fluorescente, parecerá marrom.

Qualquer ambiente, incluindo todos seus elementos materiais (móveis, cortinas, tapetes, quadros, luminárias, objetos de decoração etc.), muda efetivamente de cor conforme suas fontes de luz. Até mesmo espaços enquadrados na escala do cinza, especificamente do branco ao cinza-escuro (em paredes, por exemplo), sujeitam-se a certa mudança, como empalidece a cor da cútis das pessoas sob um farol de luz de mercúrio.

Em virtude do grande desenvolvimento da Física, da Engenharia Eletrônica e da Química, conseguimos, na época atual, aperfeiçoar inúmeros instrumentos, aparelhos e equipamentos transmissores de variadas fontes de iluminação, utilizados especificamente em indústrias, hospitais, laboratórios, museus, locais públicos, escritórios, palácios e moradias em geral. Queremos nos referir a ambientes fechados, pois são esses os locais que costumam possuir diferentes cores e luminárias.

É necessário, portanto, que um técnico, um decorador ou arquiteto não cometa erros de iluminação em relação à luz dirigida ao ambiente e objetos nele contidos, geralmente coloridos. A exata fonte de iluminação que deve incidir é o resultado de uma ótima harmonia ambiental e satisfação de seu usuário.

Há, por exemplo, vários tipos de lâmpadas fluorescentes com diferenças sensíveis quanto à iluminação: luz do dia, luz fria (azulada), luz quente. Existem lâmpadas mais quentes capazes de reproduzir com maior perfeição as cores, como se fossem vistas à luz natural. Há também lâmpadas intermediárias entre as aparentemente quentes e frias.

A cor, por não ser uma característica dos objetos, muda conforme o tipo de luz que recebe. E a beleza de uma cor, seja qual for, depende dessa fonte de luz. Mesmo à luz do dia, uma peça colorida modifica seu aspecto se o dia se apresenta azul ensolarado ou nublado.

Um eficiente fluxo luminoso pode gerar maravilhosos contrastes em lugares de grande afluência de público, supermercados e *shopping centers,* por exemplo, e com excelentes reproduções de cores.

Os que decidem sobre a iluminação dos mencionados ambientes devem consultar as diferentes indústrias de equipamentos de iluminação para verificar as luzes mais adequadas a serem utilizadas. Essas indústrias, todas com excelentes laboratórios físicos, químicos e luminotécnicos, apresentam diferentes instrumentos e equipamentos que não podem ser ignorados por aqueles que decidem sobre cores em termos de Comunicação, no trabalho, na habitação, no lazer, na Publicidade, na promoção de vendas, na rua, em todo lugar, enfim.

É interessante observar que uma equânime difusão de luz originada de lâmpadas fluorescentes estabelece um todo harmônico em um ambiente colorido. Para tanto, recomenda-se que a luz *incida* no ambiente por reflexão, pois isso beneficia os objetos para sua exata iluminação, bem como o corpo humano por receber luz indireta, ao contrário dos raios de luz direta, que sempre podem prejudicar fisicamente.

Ao decidirmos sobre cor e luz, não devemos nos esquecer de dois fatores: aparência e reprodução de cor. Isto é, uma para fixar a sensação visual e psicológica de uma impressão quente, moderada ou fria da cor, e outra para que a fonte de tez, a fim de uma boa reprodução das cores, contenha uma distribuição adequada de energia ao longo do espectro. A matéria só pode ser adequada e harmonicamente colorida graças à luz.

11 — MESCLAS ADITIVAS E SUBTRATIVAS

O estudo científico das cores nos permite observar determinados fenômenos derivados especialmente das mesclas entre elas. De fato, o que mais nos impressiona são os resultantes das sínteses aditivas e os que provêm das mesclas subtrativas. Verifiquemos, entretanto, como se processam as mesclas de luzes cromáticas.

Já vimos que, quando um objeto reflete todas as radiações de onda de luz, é percebido totalmente como branco. Ao absorver algumas ondas de luz e refletir uma ou várias, ele se apresenta colorido.

Mas ao refletir várias ondas ele é percebido de uma única cor. Essa cor corresponde à soma das radiações refletidas. A esse fenômeno é dado o nome de *mescla aditiva*. É interessante observar que a visão humana se realiza sempre através do sistema de síntese aditiva.

Quando a superfície do objeto absorve todas as cores, ele se apresenta preto à nossa visão. Essa absorção total ou parcial é denominada *mescla subtrativa*.

MESCLA ADITIVA

Relembrando a experiência de Newton, segundo a qual é possível recompor a luz branca usando as cores do espectro solar, podemos experimentar tal afirmação fazendo girar rapidamente um disco no qual estão pintadas as cores do espectro. Ele será visto nas suas três cores primárias. Uma rotação maior do disco fará desaparecer as três cores vistas, e o disco aparecerá totalmente branco.

A explicação do fenômeno reside no fato de as imagens se fixarem na retina até cessar o estímulo luminoso. Há, então, uma superposição de imagens que determina uma mescla, ou uma síntese, que dará por resultado a sensação acromática branca.

Entretanto, podemos executar uma experiência semelhante adotando somente três cores. Coloquemos, num quarto escuro, três refletores. Cada um irradiará uma das cores: azul-violeta, verde e vermelho-alaranjado, projetadas sobre uma tela branca. Havendo uma superposição parcial das luzes, notaremos a formação de outras cores.

Superpondo azul-violeta e vermelho-alaranjado, obteremos o vermelho-magenta.

A superposição do verde sobre o vermelho-alaranjado resultará no amarelo.

O verde e o azul-violeta sobrepostos formarão o azul-esverdeado.

A superposição das três cores resultará no branco.

Quando duas cores ou mais se somam na retina, o indivíduo vê apenas uma cor, e recebe uma única sensação. Por exemplo, da mescla do vermelho-alaranjado e o verde, o indivíduo vai perceber apenas o amarelo.

Da síntese de duas cores primárias, a visão percebe sempre uma outra cor. Entretanto, da síntese de duas cores complementares, o indivíduo vai perceber o branco.

As cores do espectro óptico têm qualidades uniformes, e são determinadas pelos comprimentos de ondas luminosas: o vermelho, de 760 a 647 nm; o laranja, de 647 a 586 nm; o amarelo, de 586 a 535 nm; o verde, de 535 a 492 nm; o azul, de 492 a 454 nm; o índigo, de 454 a 424 nm; e o violeta, de 424 a 394 nm. Esses valores foram calculados por Edward Grom (1972) em suas pesquisas realizadas na Universidade Central da Venezuela, em Caracas.

Mas o reconhecimento dessas cores depende da luz sob a qual o indivíduo as vê. Há um nível de iluminação no qual o olho é totalmente cego às cores, embora depois de, aproximadamente, 15 min, ocorra uma adaptação. Em baixa luminosidade, o olho só pode distinguir três cores: azul-violeta, verde e vermelho-alaranjado.

Na realidade, a percepção das cores está relacionada com a intervenção de fatores que influem decisivamente em sua visão, como as pós-imagens, a visão fotóptica, a visão escotóptica, o contraste acromático e outros.

MESCLA SUBTRATIVA

O branco, resultado da reflexão de todas as ondas de luz pela superfície do objeto, ao ser projetado sobre uma tela branca ou qualquer meio colocado entre esta e a fonte de luz, provocará uma diminuição na radiação visível. A parte da luz que não é remetida é absorvida, e se transforma em calor.

Essa absorção pode ser ocasionada não somente por substâncias sólidas, mas também por filtros, líquidos ou gases, bruma, fumaça. A título de comprovação, podemos, por exemplo, fazer rodear a fonte de luz por um vidro vermelho ou por um filtro de qualquer cor. Somente uma parte da luz branca pode passar; haverá, portanto, uma subtração.

As cores básicas subtrativas são o amarelo, o vermelho-magenta e o azul-esverdeado. Cada uma delas reflete dois terços do espectro e absorve um terço. O azul-esverdeado reflete a zona do espectro relativa ao azul-violeta e ao verde, mas absorve o vermelho-alaranjado. A parte absorvida de luz corresponde sempre à cor complementar, já que a parte refletida e a absorvida dão juntas a luz branca.

Portanto, as cores básicas subtrativas (amarelo, vermelho-magenta e azul-esverdeado) são cores que, na síntese aditiva, constituem cores compostas pela soma de duas luzes primárias.

Mesclando o azul-esverdeado e o amarelo em ponto de saturação certa, visualizamos o verde.

A mistura do amarelo e do vermelho-magenta terá como resultado o vermelho-alaranjado.

O resultado da síntese do vermelho-magenta e do azul é o azul-violeta.

A base inicial da síntese subtrativa é o branco refletido pela tonalidade de ondas luminosas que incidem sobre a superfície de um objeto. *Cada* cor básica subtrativa subtrai à reflexão um terço do espectro. A mescla de duas cores básicas subtrativas, como já vimos, forma uma outra cor. A mescla das três cores básicas subtrativas (amarelo, vermelho-magenta e azul-esverdeado) produz o preto.

12 — PÓS-IMAGENS NEGATIVAS

Sendo as cores primárias (vermelho-magenta, amarelo e azul-esverdeado) resultantes das radiações de uma só longitude de onda, uma outra cor qualquer será o resultado da mistura de duas ou mais delas, dentro de intensidades diversificáveis.

Um fenômeno interessante de ser observado é o das pós-imagens. Quando, por exemplo, fixarmos durante algum tempo uma superfície vermelho-magenta e rapidamente deslizarmos o olhar para uma superfície branca, veremos, no lugar dessa superfície branca, um verde, que é a sua cor complementar. Segundo a teoria da forma, o olho tende a efetuar uma complementação. Assim, as pós-imagens negativas serão sempre complementares da cor que o indivíduo tenha fixado. Arnheim (1973) cita Goethe, que dizia que as cores complementares se "exigem entre si".

Há grandes controvérsias quando se procura definir tanto as cores primárias quanto as cores secundárias. O complemento da cor é, na realidade, um estudo psicológico, e não físico, agravado, além disso, pela imprecisão da nomenclatura das cores existentes até hoje. É por isso que as afirmações feitas sobre cores complementares são sempre relativas. Pudemos observar que existem vários círculos de cor e que há divergência sobre as complementares ou, então, que estas apenas concordam entre si aproximadamente.

13 — IMAGENS ESTABILIZADAS NA RETINA E A VISÃO DAS CORES

A imagem, na retina, está em constante movimento, pois, na visão normal, o olho nunca está em repouso. Comprovou-se, por meio de experiências, que essa movimentação da imagem tem papel significativo na função sensorial do olho.

A magnitude dos movimentos do olho é bastante pequena, mas de grande importância. Um dos movimentos afasta a imagem do centro da fóvea, mas um outro movimento rápido a traz de volta para o mesmo lugar. Porém, no momento em que a imagem desliza, há um tremor que se sobrepõe ao deslocamento.

Os fisiólogos há muito conhecem esses fenômenos, que já foram medidos por inúmeras experiências. Não podendo interromper esses movimentos sem comprometimento do olho, dois fisiólogos, Dichburn e Rigs, descobriram uma maneira de fixar a imagem na retina por meio de um projetor, montado sobre uma lente de contato colocada sobre um dos olhos do sujeito do experimento, enquanto o outro era tampado com uma venda. Tal mecanismo não permite que a imagem saia do lugar com o movimento ocular e a estabiliza na retina.

Esse experimento mostra que, no início, a imagem é vista com nitidez; aos poucos vai desaparecendo e, por fim, resta um campo de luz cinzento que acaba se tornando preto. Depois de algum tempo, a imagem se regenera e é vista de novo, parcial ou totalmente.

Muitas das colocações da teoria da Gestalt ficaram comprovadas por essas experiências, e elas abriram uma nova perspectiva num dos campos da percepção: a visão das cores.

Observa-se, por exemplo, que a visão de um objeto colorido estabilizada na retina perde, com a velocidade de captação, o sentido da cor. No lugar desta ficam valores diferentes de cinza, que também tendem a desaparecer.

Esse fenômeno confirma a hipótese de que o tom da cor deriva da radiação de determinados comprimentos de onda que são captados pelos cones da retina. Os movimentos do olho são necessários, para que o indivíduo continue a perceber a cor. Essas experiências estão ainda em fase inicial.

14 — A TATILIDADE DO OLHAR: REPRESENTAÇÃO DO VOLUME PELO USO DAS CORES COMPLEMENTARES

O olhar também é tátil, por isso é que percebemos os volumes das coisas; as cores nos auxiliam nessa percepção.

As cores complementares (primária com suas secundárias), em geral, sempre exigem uma adequação, mesmo quando estão colocadas em uma composição harmoniosa. Arnheim (1973) considera essa propriedade das cores complementares como uma característica marcante.

Afirma ele que a tensão provocada por um quadro pintado somente em tons azul-violeta e amarelos pode ser explicada pela exigência que se forma na percepção do espectador de uma complementação por meio do vermelho (que seria o oposto, de cor quente). Segundo ele, o olho procura e relaciona espantosamente as cores complementares. Eis um princípio de agrupamento que se refere a uma estrutura algo mais complexa que o simples agrupamento por semelhança de cores.

O agrupamento por meio da semelhança da cor é facilmente verificável. Podemos constatá-lo, por exemplo, nos conhecidos experimentos de Stilling-Hertel para reconhecimento de deficiências da visão das cores.

Entretanto, essa última colocação de Rodolf Arnheim (1973) se refere ao fato de que a mente realiza o trabalho de completar, por processos perceptivos, representações parciais de totalidades conhecidas.

Segundo a teoria gestáltica, a percepção está subordinada a determinadas leis de organização e uma delas é a de "fechamento" ou "complementação". Por exemplo, visualizamos um círculo e uma cruz, embora as linhas de ambas as figuras estejam incompletas. Esse fenômeno mostra, portanto, que o todo percebido incompleto provoca uma tensão em direção ao acabamento.

De acordo com essa mesma teoria, o olho, ao visualizar uma cor, tem a tendência de evocar a sua complementar, isto é, ele tende à totalidade, procura complementar-se. Um exemplo disso pode ser encontrado dentro das experiências com as pós-imagens negativas.

Alguns artistas usaram esse recurso para a representação do volume. Um objeto vermelho-alaranjado pode arredondar-se no plano bidimensional quando se usa um sombreado azul-violeta.

Como exemplo, Arnheim (1973) cita que, na observação de uma natureza-morta de Paul Cézanne (1839-1906), uma maçã sombreada de vermelho-alaranjado claro até azul-violeta escuro aparenta mais volume do que uma sombreada de verde com diferentes valores de claridade.

parte 4

COR: SIGNO CULTURAL E PSICOLÓGICO
O significado das cores:
A liberdade é azul? A fraternidade é vermelha? A paz é branca?

O signo estético arranha o impossível do real.

Lucia Santaella

1 — REALIDADE SENSORIAL

Esta parte da obra envolve um aprofundamento na Psicologia, porque desta não podemos nos afastar, mesmo quando procuramos esclarecer os vários processos de que se ocupa o fenômeno do cromatismo, mas também teremos em conta os estudos culturais.

Como vimos anteriormente, a cor é uma realidade sensorial à qual não podemos fugir. Além de atuar sobre a emotividade humana, as cores produzem uma sensação de movimento, uma dinâmica envolvente e compulsiva. Vemos o amarelo transbordar de seus limites espaciais com uma tal força expansiva que parece invadir os espaços circundantes; o vermelho, embora agressivo, equilibra-se sobre si mesmo; o azul cria a sensação do vazio, de distância, de profundidade. Vimos, na primeira parte, como o espaço arquitetural pode ser modificado, tornando-se maior ou menor, mais baixo, mais alto, ou mais estreito, apenas pelo efeito da cor. Citamos, embora ligeiramente, diversos outros campos em que as propriedades das cores são usadas para fins definidos. Ressaltamos como as leis que as regem podem ser subordinadas aos interesses do artista e do profissional da comunicação. Mas na última parte enfocaremos especialmente seu emprego no campo publicitário e promocional.

É comum, entre os que utilizam esse tipo de linguagem na comunicação humana, a classificação das cores em *frias* e *quentes.*

Determinadas cores dão sensação de proximidade, outras de distância, da mesma forma que uma pessoa comunicativa e vibrante mais facilmente se aproxima de nós, enquanto outra parece manter-se à distância por ser de poucas palavras ou sem um sorriso. Em geral todo elemento de aproximação contribui para abrir as portas de uma boa comunicação.

Podemos estabelecer graficamente uma escala de dinâmica de cores, sem nuances; começando com o laranja, passando para o vermelho-alaranjado, o amarelo, o verde e finalmente o azul.

Não é difícil verificar que, só com o emprego de cores diferentes entre si e numa definida colocação, conseguiremos sensações de proximidade ou de distância.

Mesmo assim, essa nossa afirmação é relativa. O grau de proximidade ou de distância oferecido por determinadas cores depende muitas vezes de vários fatores, como a iluminação e a saturação.

Mas, especificamente em relação à criação publicitária, os psicólogos quiseram dar um sentido mais prático quanto ao uso das cores em definidas peças de propaganda, desde o anúncio a cores para uma revista, cartaz ou painel, até os próprios comerciais coloridos da TV e do cinema. Usar a nomenclatura de cores "quentes" e cores "frias" foi uma solução. De fato, chamamos de "quentes" as cores que integram o vermelho, o laranja e pequena parte do amarelo e do roxo; e de "frias" as que integram grande parte do amarelo e do roxo, o verde e o azul. As cores quentes parecem nos dar uma sensação de proximidade, calor, densidade, opacidade, secura, além de serem estimulantes. Em contraposição, as cores frias parecem distantes, leves, transparentes, úmidas, aéreas, e são calmantes.

2 — FATORES QUE INFLUEM NA ESCOLHA DAS CORES

Existem numerosos estudos consagrados à análise das preferências que os indivíduos manifestam por determinadas cores.

M. Déribéré (1965) tem um minucioso trabalho de pesquisa e dados estatísticos sobre o assunto. Entretanto, num pequeno trabalho didático como este, fixar-nos-emos apenas nos dados mais importantes e de cunho eminentemente prático, considerando os aspectos sociológicos, psicológicos e fisiológicos que podem determinar as escolhas.

Este tópico, dada a grande utilização na vida prática, nos mais variados campos, especialmente no publicitário e na promoção de vendas, exige realmente uma precisão que conduza a resultados comprováveis.

Há necessidade, em primeiro lugar, de se tentar sanar um grande inconveniente: as reações que uma mesma cor pode ocasionar e que derivam, às vezes, da utilização que dela se pretende fazer. Se um indivíduo pensa, consciente ou inconscientemente, em uma cor relacionada a determinado uso que irá fazer dela, é evidente que sua reação não é diante da cor em si, mas da cor em função de algo.

Os costumes sociais são fatores que intervêm nas escolhas das cores. Por exemplo, em determinadas culturas, é hábito diferenciar, através da cor, as vestes das mulheres mais idosas das vestes usadas pelas mais jovens. O mesmo se pode observar na diferenciação dos sexos. Nesse caso, podemos observar as mudanças havidas nos últimos anos e chegar à conclusão de que, na atual cultura ocidental, a diferença entre os sexos tende a desaparecer dos hábitos sociais — um dos fatores pelos quais podemos assinalar a mudança é a invasão de cores na roupa masculina, o que até há bem pouco tempo se reservava às roupas femininas.

Derivando de hábitos sociais estabelecidos durante longo espaço de tempo, fixam-se atitudes psicológicas que orientam inconscientemente inclinações individuais.

Analisemos, por exemplo, o seguinte quadro de significados conotativos:

Sensações visuais	Objeto	Significado
Branco	Vestido de noiva	Pureza
Preto	Noite	Negativo
Cinza	Manchas imprecisas	Tristeza, coisas amorfas
Vermelho	Sangue	Calor, dinamismo, ação, excitação
Rosa	Enxoval de bebê (menina)	Graça, ternura
Azul	Enxoval de bebê (menino)	Pureza, fé, honradez

Figura 1
Significados conotativos.

Esses significados ficam de tal forma enraizados na cultura de um povo que estamos hoje em condição de ver, na cultura de nosso país, o emprego, na linguagem corrente, de sensações visuais para definir estados emocionais ou situações vividas pelo indivíduo. É muito comum ouvirmos frases como estas:

- "De repente, a situação ficou *preta*";
- "Fulano estava *roxo* de raiva";
- "Ela sorriu *amarelo*";
- "O susto foi tão grande que ela ficou *branca*";
- "Estava *vermelha* de vergonha";
- "A imprensa *marrom* insistia em publicar suas histórias";
- "Estou *verde* de fome";
- "Ela vivia em um mundo *cor-de-rosa*".

No campo psíquico, Rorschach conclui, através de experimentos, que os caracteres alegres respondem intuitivamente à cor. A reação dos indivíduos deprimidos é geralmente voltada à forma.

A preferência pela cor geralmente denuncia indivíduos com mais abertura a estímulos exteriores; é privilégio das pessoas sensíveis, que se deixam influenciar, e que estão propensas à desorganização e à oscilação emocionais.

As reações à forma indicam, ao contrário, o temperamento frio, controlado, introspectivo.

Um outro psicólogo, Schachtel (1946), completa as explicações de Rorschach concluindo que, ao reagir à cor, o indivíduo sofre a ação do objeto: é uma *atitude passiva.* Ao contrário, ao perceber a forma, ele tem de examinar o objeto, definir a sua estrutura, elaborar uma resposta: é *uma atitude ativa,* e é isso que caracteriza a mente mais ativamente organizadora.

Em consequência, as reações e as influências físico-sócio-psíquicas do indivíduo diante da cor vão responder por seus vários usos em campos diversificados — *especialmente no campo publicitário,* onde a sugestionabilidade é fator largamente explorado.

Analisemos, por exemplo, o uso da cor no campo da prevenção de acidentes. Isso pode demonstrar uma tomada de consciência do valor das cores na realidade diária. A Associação Brasileira de Normas Técnicas (ABNT)[1] emitiu, por exemplo, normas sobre o uso da cor na segurança do trabalho e o uso das cores no campo industrial.

Essas normas estão sendo observadas por várias indústrias, pois se apoiam na linguagem psicológica das cores trazendo em si toda a carga de um longo processo educacional, que inclina o indivíduo a reações automáticas e instantâneas. Vejamos uma síntese dessas normas:

Figura 2
Sensação visual e utilizações.

Sensação visual	Utilização
Azul	Controles de equipamentos elétricos
Laranja	Partes móveis e mais perigosas de máquinas e equipamentos, faces externas de polias e engrenagens
Vermelho	Equipamento de proteção contra incêndio ou de combate a incêndios
Verde	Caixa de socorros de urgência, avisos, boletins, etc.
Branco	Faixas indicativas de sentido de circulação
Preto	Coletores de resíduos

[1] A ABNT emitiu as seguintes normas: em 1957, o Código das cores para canalização industrial; em 1959, a cor na segurança industrial.

Para não haver confusão no emprego das cores, foram a elas estabelecidos nomes básicos oficiais.

Os sinais de trânsito, por exemplo, usam cores com conotações facilmente verificáveis:

vermelho — alarme, perigo;
amarelo — atenção;
verde — segurança, livre.

Esses *signos visuais* realmente só possuem valor real quando podem ser facilmente decodificados por aqueles a quem se dirigem, seu público-alvo. Por isso são estudados seus componentes psíquicos, socioculturais e fisiológicos. Eles visam a atingir o indivíduo e impeli-lo à ação rápida, seja esta a obediência às regras sociais estabelecidas, seja à aquisição de algo. É claro que esta não é uma tarefa fácil, tampouco sempre exitosa, como pode parecer em um primeiro momento.

3 — OS ESTUDOS DE BAMZ

Há uma pesquisa muito consistente, feita pelo psicólogo Bamz (1980), que alia o fator idade à preferência que o indivíduo manifesta por determinada cor. Esse estudo pode conduzir a resultados eficazes no campo mercadológico. Vejamos:

Vermelho	corresponderia ao período de 1 a 10 anos Idade da efervescência e da espontaneidade;
Laranja	corresponderia ao período de 10 a 20 anos Idade da imaginação, excitação, aventura;
Amarelo	corresponderia ao período de 20 a 30 anos Idade da força, potência, arrogância;
Verde	corresponderia ao período de 30 a 40 anos Idade da diminuição do fogo juvenil;
Azul	corresponderia ao período de 40 a 50 anos Idade do pensamento e da inteligência;
Lilás	corresponderia ao período de 50 a 60 anos Idade do juízo, do misticismo, da lei;
Roxo	corresponderia ao período além dos 60 anos Idade do saber, da experiência e da benevolência.

Figura 3
Principais conclusões da pesquisa de Bamz.

De fato, como dissemos há pouco, os adultos idosos preferem tonalidades escuras, conforme demonstrou Bamz no quadro acima. Numa pesquisa recente, foi demonstrado que a preferência dos adultos é para o azul e o verde; acrescentando também o vermelho como reminiscência do seu primeiro período, o infantil.

Ao analisarmos cientificamente as preferências, verificamos que o cristalino do olho humano vai se tornando amarelo com o decorrer dos anos. Uma criança absorve 10% da luz azul, enquanto um ancião absorve cerca de 57%. Nos primeiros meses, a criança enxerga bem e prefere o vermelho, o amarelo, o verde, no mesmo nível preferencial, e depois o azul. Notaremos que o azul vai, na escala de preferência, subindo proporcionalmente à idade do indivíduo.

Se observarmos os adultos quando efetuam compras para a família, notaremos que os mais idosos preferem comprar produtos contidos em embalagens em que predomina o azul. A preferência, nesse caso, leva vantagem na venda em relação a produtos com outras cores. Está comprovado que o indivíduo mais jovem prefere cores fortes, o vermelho, por exemplo, e com uma vantagem nas vendas em relação a outras cores.

4 — REAÇÃO CORPORAL À COR

Algumas experiências psicológicas têm provado que há uma reação física do indivíduo diante da cor. Entretanto, esse é ainda um vasto campo a ser explorado.

Fernand Léger[2] (1881-1955) foi um dos artistas plásticos que mais conscientemente usou a cor, pois não só produziu obras que revolucionaram os conceitos plásticos da época como também os teorizou em seu livro *As funções da pintura.* Diversas vezes em sua obra ele ressalta a influência que a cor pode exercer sobre o organismo humano.

No âmbito da Psicologia, podemos citar a experiência de Fère (1960), que conclui que "a luz colorida intensifica a circulação sanguínea e *age* sobre a musculatura no sentido de aumentar sua força segundo uma sequência que vai do azul, passando pelo verde, o amarelo e o laranja, culminando no vermelho".

Figura 4
A cidade. 1919. Óleo sobre tela, Fernand Léger.

[2] Publicou *As funções da pintura.* Executou muitas pinturas abstratas, definindo sempre o espaço pelo jogo cromático. É um pintor de formação Cubista e plasticamente se revela com fortes traços racionalistas.

A verdade é que as reações corporais do indivíduo à cor, embora não bem-definidas cientificamente, têm sido largamente usadas tanto no âmbito da Educação quanto no campo terapêutico.

O efeito produzido pela cor é tão direto e espontâneo que se torna difícil acreditar que ele conote apenas experiências passadas. Entretanto, cientificamente, nada comprova a existência de um processo fisiológico que explique o porquê dessa reação física do homem à estimulação da cor.

Afirma Max Lüscher[3] que experiências têm provado ser o vermelho puro excitante. Quando as pessoas são obrigadas a olhar por um determinado tempo para essa cor, observa-se que há uma estimulação em todo o sistema nervoso: há uma elevação da pressão arterial e nota-se que o ritmo cardíaco se altera. Segundo ele, o *vermelho puro atua diretamente sobre o ramo simpático do sistema neurovegetativo.*

Afirma também que fitar o azul puro produz efeito exatamente contrário: o ritmo cardíaco e a respiração diminuem.

Daí ele conclui que o *azul puro é psicologicamente calmante* e *atua principalmente através do ramo parassimpático do sistema neurovegetativo.*

A fundamentação científica na qual Lüscher se baseia é a seguinte: o sistema nervoso central (SNC) e o sistema neurovegetativo (SNV) englobam todas as redes de nervos e fibras, através das quais o corpo e todos os seus órgãos são controlados.

O sistema nervoso central é responsável pelas funções físicas e sensoriais que ocorrem no limiar da consciência ou em plena consciência.

O sistema neurovegetativo se relaciona com as funções que ocorrem abaixo do limiar da consciência. Seu funcionamento é automático e autorregulador.

Os resultados da estimulação do simpático são opostos aos da estimulação do parassimpático. Por exemplo: o ritmo cardíaco é acelerado por estimulação do simpático, mas esse mesmo ritmo diminui se a estimulação atinge o parassimpático. A explicação de Lüscher é uma hipótese que pode ser discutida.

A verdade é que todas as experiências comprovam a validade do uso da cor na terapia ou a importância de não usar determinadas cores quando se deseja evitar certos efeitos psíquicos ou fisiológicos. Por exemplo, recomenda-se não pintar de branco o teto do quarto onde um doente tenha de permanecer por muito tempo. Como o branco reflete intensamente a luz, pode ocorrer o fenômeno de ofuscamento, que tem a propriedade de ocasionar no doente uma sensação de cansaço e de peso na cabeça, considerando-se o fato de ele, na maior parte das vezes, ser obrigado a repousar de costas e, inevitavelmente, fixar os olhos no teto. O cansaço que parecia ilógico para um indivíduo em repouso encontra assim uma explicação.

---

[3] Psicólogo suíço e consultor empresarial de cores. Seu principal cliente foi a Volkswagen na Alemanha.

O uso do azul no forro, em substituição ao branco, e que confere ao paciente uma sensação de calma, tranquilidade e bem-estar, vem corroborar a opinião de Lüscher sobre as reações corporais do indivíduo a determinadas cores, e a de Fernand Léger (1975:101-108), que já dizia:

"(...) o hospital policromo, a cura pelas cores, um domínio desconhecido que começa a apaixonar os jovens médicos. Salas repousantes, verdes e azuis para os nervosos, outras vermelhas e amarelas para os deprimidos e anêmicos. (...) e a influência da luz-cor agiu sobre eles".

No campo da Neurologia, pode-se citar as experiências de Kurt Goldstein (1942) com uma paciente que tinha uma área do cérebro afetada. Segundo ele, essa paciente perdia o sentido de equilíbrio e sentia enjoos quando se vestia de vermelho. Ao usar roupas verdes, os sintomas desapareciam.

As experiências permitiram-lhe concluir que as cores correspondentes a um comprimento de onda maior (por exemplo, o vermelho) produzem reação expansiva. O verde e o azul, por exemplo, que correspondem a comprimentos de onda mais curtos, tendem a produzir reação de contração.

Essas conclusões podem ser interessantes, pois chega-se também a admitir que, pela escolha da cor, o indivíduo demonstra estar se voltando para o mundo exterior ou dele se afastando, centrando sobre o próprio organismo todos os interesses. E esse é um aspecto que irá interessar ao psicólogo.

Quando Wassily Kandinsky[4] (1866-1944) afirmava que um círculo amarelo ostenta um movimento de expansão que o aproxima do espectador, da mesma forma admitia que um círculo azul desenvolve um movimento concêntrico que o afasta do observador. Vemos nessa experiência paralela que o artista às vezes chega, pela sensibilidade, às mesmas conclusões que o cientista chega pelas experiências.

---

[4] Pintor russo. Acreditava que o verdadeiro artista busca expressar apenas sentimentos íntimos essenciais (e as cores têm destaque nessa busca). Tendo originalmente estudado em Munique para seguir a carreira de advogado, logo reconheceu que seus verdadeiros dotes estavam no mundo da arte. Tornou-se um dos maiores nomes da arte abstrata. Voltou à Rússia, onde deu aulas de 1914 a 1922, fundando a Academia Russa. A influência russa pode ser observada nas referências de sua obra aos ícones da cultura local e à arte popular. Por algum tempo, ele deu aulas na famosa escola de arte Bauhaus.

5 — COR E TERAPIA

Não podemos nos esquecer do vasto campo da terapia através da Arte (arteterapia). Numerosos psicólogos aliam seu trabalho a *ateliês* artísticos, tentando descarregar as tensões do indivíduo pela catarse que a prática artística oferece.

Vejamos o que diz Janie Rhyne (1973), psicóloga que segue, em seu trabalho, a linha gestáltica e utiliza a Arte em seu intento de reafirmação e conscientização do eu *próprio* de cada indivíduo. As sessões por ela dirigidas constituem experiências terapeuticamente orientadas em que os participantes trabalham com materiais artísticos para criar pinturas e formas esculpidas como um meio de se tornarem cônscios de si próprios e de seu meio, num nível perceptual. Ela afirma que "a ênfase básica recai sobre o nível primitivo, pré-verbal, da experiência imediata" e, mais adiante, que "eles descobrem o seu próprio vocabulário de formas e cores".

Essa maneira pessoal de perceber, sentir e reagir ao impacto da cor já fora comentada por Léger: "Cada pessoa tem a sua cor, consciente ou inconscientemente, mas ela se impõe na escolha dos dispositivos diários, como móveis, estofos e vestuário".

Realmente, por sua expressividade, a cor tem a capacidade de, mais que qualquer outro elemento, liberar as reservas criativas do indivíduo. Essa liberação é fator decisivo na autoafirmação e autoaceitação, que, em última análise, é ao que visa o terapeuta. Na ludoterapia, terapia pelos brinquedos e por meio de jogos, por exemplo, a cor tem papel preponderante.

Os psicólogos usam essa terapia com muita frequência, não só no tratamento de crianças com dificuldades sociais e de aprendizagem, como também com todas as crianças, pois contribui positivamente para um crescimento harmônico e equilibrado. A ludoterapia consiste no uso especialmente do brinquedo colorido, dentro de um equilíbrio exato, cuja manipulação irá influir beneficamente no sistema nervoso da criança, propiciando-lhe uma liberdade interior que, mais tarde, no decorrer da vida, vai capacitá-la em suas próprias escolhas e opções.

6 — COR, MEMÓRIA E COMUNICAÇÃO

A melhor definição de *memória* dentro de toda a imprecisão científica que o termo acarreta é a que encontramos num artigo de Gérard (1970:139). Diz ele que a "memória é a modificação do comportamento pela experiência". As interpretações do meio ambiente se realizam no homem em uma determinada parte de seu cérebro, o córtex, para onde são conduzidos os estímulos visuais. Isso acontece também com a visão cromática.

Outros cientistas provaram já em 1953, por experiências, que a distinção das cores, sua identificação, sua denominação e quaisquer reações estéticas a elas são todas funções do córtex.

O córtex, como sabemos, é a parte do cérebro que se ocupa das sensações conscientes, de onde se conclui que a visão cromática resulta do desenvolvimento e do processo educativo do indivíduo.

Entretanto, isso não está científica ou totalmente comprovado, pois há, no processo, um reflexo instintivo que não parece se fundamentar apenas na educação e no desenvolvimento do homem.

Lembrar-se da cor seria um resultado de experiências já vividas e armazenadas, mas que, ainda segundo Gérard (1970), prescindem da intervenção da consciência, pois o homem pode lembrar e relatar, sob hipnose, inúmeros detalhes que sua consciência nunca percebeu.

Assim, chegamos à conclusão de que um fato é inegável: *mesmo que haja uma parte instintiva na reação à cor, é indiscutível que o homem vai acumulando em sua memória experiências que o definem e o fazem agir de determinadas maneiras no decorrer de sua vida.* Essa constatação é importante para o publicitário.

Por meio de pesquisas locais e estudos motivacionais, ele pode orientar sua publicidade de maneira que ela atinja as raízes nativas dos indivíduos que integram o grupo a quem ele dirige a mensagem publicitária. É óbvio, por exemplo, que os nordestinos reagem à cor influenciados pelas experiências vividas sob um Sol radiante, que dá aos objetos uma luminosidade vibrante, experiência que não possuem os que vivem em lugares onde os raios solares não têm a mesma intensidade. A memória da cor é diversa nos dois casos, mas ambos reagem a ela, a maior parte das vezes sem que a parte consciente de seu cérebro participe.

A inclinação das pessoas de clima quente, ao se expressarem mais por determinada cor (especialmente as cores puras) e a das de *clima frio, ao optarem pela forma* e pelas cores frias, talvez estejam ligadas ao fato de que, a uma iluminação maior, corresponde uma recordação mais viva da cor.

De qualquer forma, isso é uma realidade facilmente verificável no Brasil e pode ser fator importante a explorar numa propaganda bem orientada.

Em geral nos lembramos das cores que mais nos impressionaram. Não existe, praticamente, uma cor que, por si, se fixe mais no nosso subconsciente. Por ser uma sensação, a cor que mais nos alertou numa definida circunstância, qualquer que seja ela, se fixa facilmente.

Não obstante, algumas cores que possuem grau de contraste com suas congêneres apresentam, às vezes certa memorização. É o caso de letras e formas em azul, mas não essa cor como fundo, como também a cor amarela em si, fácil de memorizar, com exceção dessa cor aplicada a formas, resultando fraca. O laranja e o violeta são mais fáceis de memorizar, assim também o vermelho bem próximo do violeta, mas bem menos o verde.

Uma combinação de verde e amarelo resulta um tanto fraca, mas, se lhe acrescentamos o laranja ou o vermelho, revigora. Isso é muito importante em termos de Comunicação e especificamente na impressão gráfica de embalagens de produtos, que hoje representam verdadeiros objetos promocionais.

A combinação verde e rosa é muito delicada, agradável, mas difícil de memorizar. Porém, se lhe for acrescentado vermelho ao lado do verde, nos lembraremos muito mais dela. Parece comprovado ser o verde um bom ativante da memória.

Não há dúvida de que existe certa relatividade nessa exposição, pois os seres humanos são diferentes, como é diferente o mundo de suas sensações.

Figura 5
Bandeira verde e rosa da Escola de Samba Mangueira – Rio de Janeiro.

Num sentido geral, baseamos nossas pesquisas em amostras acima de três mil pessoas e nas de outros pesquisadores estrangeiros que obtiveram o mesmo resultado, com poucas diferenciações em suas variantes devido, exclusivamente, a diferenças regionais em que é notória a diversidade de climas: bastante frios ou bastante quentes. Com referência ao clima e sua influência, falaremos em outra parte deste trabalho.

Conforme testes por nós aplicados aos nossos alunos do Curso de Propaganda, Publicidade e Relações Públicas da Universidade de São Paulo, no decorrer de dez anos, verificamos que os homens e as mulheres (de 20 a 25 anos) possuem quase o mesmo índice de memorização com referência às cores. As experiências foram realizadas com base na visualização das cores a olhos fechados, dando-se um tempo de recordação de 1 a 5 segundos. Eis as sequências, na ordem de memorização:

	Cores	Tempos
Homens	Amarelo Laranja Roxo Verde Vermelho Azul	1(1)3(2)4(3)4(4)
Mulheres	Laranja Amarelo Violeta Azul Verde	1(1)2(2)2(3)4(4)

Figura 6
Cores e tempos.

Em numerosos casos, foi verificado que a memória da cor em si foi para o amarelo, o vermelho, o roxo, o laranja e, o violeta, enquanto para o verde e o azul a memória indicava mais a forma.

7 — SIGNIFICADO CULTURAL E PSICOLÓGICO DAS CORES

Há mais ou menos duzentos anos que a humanidade começou a usar a cor com a intensidade com que fazemos hoje.

O número de corantes e pigmentos conhecidos antes do século XIX era muito reduzido. Tinham origem orgânica e custavam muito caro. Só os indivíduos com mais recursos podiam usá-los.

A síntese dos corantes de anilina, os derivados do alcatrão de hulha e os óxidos metálicos alteraram drasticamente os processos de elaboração de cores.

A cor sempre fez parte da vida do homem: sempre houve o azul do céu, o verde das árvores, o vermelho do pôr do sol. Mas há, também, a cor feita pela produção humana: tintas, papéis de parede, tecidos, embalagens, cinema, TV, computadores etc.

Já vimos que a reação do indivíduo à cor é uma maneira particular e subjetiva relacionada a vários fatores. Entretanto, os psicólogos e agentes culturais estão de comum acordo quando atribuem certos significados a determinadas cores que são básicas para qualquer indivíduo que viva dentro da nossa cultura.

O homem se adapta à natureza circundante e sente as cores que o seu cérebro aceita e que chegaram a ele numa determinada dimensão de onda desde o seu nascimento. Essa dimensão de onda deixa sempre seu vestígio impresso em cada ser animal, vegetal ou mineral.

As cores constituem estímulos psicológicos para a sensibilidade humana, influindo no indivíduo para gostar ou não de algo, para negar ou afirmar, para se abster ou agir. Muitas preferências sobre as cores se baseiam em associações ou experiências agradáveis tidas no passado e, portanto, torna-se difícil mudar as preferências sobre elas.

Na realidade, os estudos e as pesquisas realizados por eminentes psicólogos e especialistas em cores, como o inglês Adrian Klein, o japonês Saburo Ohba, o francês Déribéré, Theodorus van Kolck nos anos 1960 no Brasil, e mais recentemente Michel Pastoureau, também na França, e Eva Heller na Alemanha, propiciaram um claro esquema de significação das cores. Queremos nos referir às investigações destes últimos oitenta anos. Mas, desde a Antiguidade, o homem tem dado um significado psicológico às cores e, a rigor, não tem havido diferença interpretativa no decorrer dos tempos. Simplesmente, a ciência conta hoje com métodos, processos e equipamentos especializados para comprovar como o homem vive de acordo com a natureza. A ciência experimental permitiu determinar fatos, formular hipóteses e teorias, solucionar problemas atribuídos à natureza humana, seja no seu aspecto psíquico, seja no fisiológico.

As cores fazem parte da vida do homem, porque são vibrações do cosmo que penetram em seu cérebro, para continuar vibrando e impressionando sua psique, para dar um som e um colorido ao pensamento e às coisas que o rodeiam; enfim, para dar sabor à vida, ao ambiente. É uma dádiva que lhe oferece a natureza na sua existência terrena. Portanto, eis o que os pesquisadores estabelecem a respeito do significado psicológico das cores:

7.1 — SENSAÇÕES ACROMÁTICAS

Antes de aprofundarmos a análise a respeito dos efeitos de sentido provocados pelas cores, é preciso ter em conta que elas provocam invariavelmente sensações polarizadas, ou seja, ora podem ser positivas, ora negativas. Por exemplo, a cor branca é tanto um signo de paz e harmonia quanto de tristeza e morte (no Oriente, particularmente na Índia).

BRANCO

Por um lado, a cor do leite ou da neve indicia neutralidade, pureza, vida quando associada à alimentação (leite), limpeza, castidade, liberdade, criatividade; por outro lado, distante de significar simplesmente paz, o branco representa a adição de todos os comprimentos de onda, tornando-se a mais intensa e irritante cor do espectro. Remete também a algo incorpóreo, é a cor dos fantasmas e dos espíritos. O branco é a cor do vazio interior, da carência afetiva e da solidão, haja vista que a exposição prolongada de sujeitos a ambientes totalmente brancos tende a acentuar neles caracteres esquizoides. Segundo recomendação da Organização Mundial da Saúde para as Instituições Hospitalares, as paredes dos ambulatórios e os quartos de internos não devem ser totalmente brancos.

Associação material: batismo, casamento, cisne, lírio, primeira comunhão, neve, nuvens em tempo claro, areia clara.

Associação afetiva: ordem, simplicidade, limpeza, bem, pensamento, juventude, otimismo, piedade, paz, pureza, inocência, dignidade, afirmação, modéstia, deleite, despertar, infância, alma, harmonia, estabilidade, divindade.

A palavra branco vem do germânico *blank* (brilhante). Simboliza a luz, e não deve ser considerado cor, pois de fato não é. Se para os ocidentais simboliza a vida e o bem, para os orientais é a morte, o fim, o nada. Representa também para nós, ocidentais, o vestíbulo do fim, isto é, o medo, além de indicar um espaço (entre linhas, por exemplo).

PRETO

A cor preta é a ausência de luz e corresponde a buscar as sombras e a escuridão. É a cor da vida interior sombria e depressiva. Morte, destruição, tremor estão associados a ela. Em determinadas situações, é signo de sofisticação e requinte.

Associação material: sujeira, sombra, enterro, funeral, noite, carvão, fumaça, condolência, morto, fim, coisas escondidas e obscuras.

Associação afetiva: mal, miséria, pessimismo, sordidez, tristeza, frigidez, desgraça, dor, temor, negação, melancolia, opressão, angústia, renúncia, intriga.

Deriva do latim *niger* (escuro, preto, negro). Nós utilizamos o vocábulo "preto", cuja etimologia é controvertida. É expressivo e angustiante ao mesmo tempo. É alegre quando combinado com certas cores. Às vezes, tem conotação de nobreza, seriedade e elegância.

CINZA

A cor cinza pode ser obtida pela mistura do branco com o preto. É uma cor neutra e também o conjunto de todos os cumprimentos de onda; representa fundir os estímulos, simplificá-los. Resignação e neutralidade. Eventualmente pode determinar maturidade.

Associação material: pó, chuva, ratos, neblina, máquinas, mar sob tempestade, cimento, edificações.

Associação afetiva: tédio, tristeza, decadência, velhice, desânimo, seriedade, sabedoria, passado, finura, pena, aborrecimento, carência vital.

Do latim *cinicia* (cinza) ou do germânico *gris* (gris, cinza); nós utilizamos o termo de origem latina. Simboliza a posição intermediária entre a luz e a sombra. Não interfere junto às cores em geral.

7.2 — SENSAÇÕES CROMÁTICAS

VERMELHO

> *que mós são estas*
> *que se dissolvem nos meus olhos*
> *doem nesta vermelhidão*
> *vertem sangue áspero na memória*
> *ou balançam folhas verdes de setembro?*
>
> (Moinho ao sol. Aguinaldo Guimarães)

A cor vermelha refere-se a alimentação, assim como a energia e fluxo (sangue), além de remeter a acolhimento (fraternidade). Possui grande potência calórica, aumenta a tensão muscular e a pressão sanguínea. Pode remeter à proibição e à revolução. Interfere no sistema nervoso simpático que é responsável pelos estados de alerta, ataque e defesa. É uma cor quente e bastante excitante para o olhar, impulsionando a atenção e a adesão aos elementos em destaque. O vermelho ainda remete à festividade, no sentido da comemoração popular.

Falar em cor vermelha é quase pleonasmo. O vermelho é a cor por excelência, a cor arquetípica, a primeira de todas as cores. Em muitos idiomas, a mesma palavra significa vermelho e colorido. Em outras, há uma sinonímia entre bonito e vermelho, como acontece em russo. Por toda parte, dizer que uma cor é vermelha é dizer muito mais do que o fato de a sua cor se inscrever na zona de comprimento de onda correspondente a esta cor. Ele tem ondas longas, com tempo de percepção de 0,02 segundos. O vermelho é o mais fortemente conotado de todos os termos de cor, mais ainda que o preto ou o branco (Pastoureau, 1997:160).

Na cultura cristã, o vermelho de sangue tomado positivamente é o que dá vida, que purifica e santifica. É o vermelho do Salvador, o que ele derramou na cruz para a salvação dos homens. É signo de força, de energia, de redenção. Ao contrário, o vermelho pode ter conotações negativas, como símbolo de impureza, de violência e de pecado. Conecta-se a todos os tabus sobre o sangue herdados da Bíblia. É o vermelho da carne impura dos crimes de sangue, dos homens revoltados. É a cor da cólera, da mancha e da morte. Pode ainda ser ligado positivamente como em Pentecostes – cor do fogo do Espírito Santo. É ao mesmo tempo uma luz e um sopro. Brilha, aquece, alumia, como o Sol.

É a cor do amor e do erotismo. Como cor da atração e da sedução, se materializa nos lábios vermelhos. É a cor dos chamados "pecados da carne", dos tabus e das transgressões.

Associação material: rubi, cereja, guerra, lugar, sinal de parada, perigo, vida, Sol, fogo, chama, sangue, combate, lábios, mulher, feridas, rochas vermelhas, conquista, masculinidade.

Associação afetiva: dinamismo, força, baixeza, energia, revolta, movimento, barbarismo, coragem, furor, esplendor, intensidade, paixão, vulgaridade, poderio, vigor, glória, calor, violência, dureza, excitação, ira, interdição, emoção, ação, agressividade, alegria comunicativa, extroversão, sensualidade.

Vermelho nos vem do latim *vermiculus* [verme, inseto (a cochonilha)]. Desta se extrai uma substância escarlate, o carmim, e chamamos a cor de carmesim [do árabe: *qirmezi* (vermelho bem vivo ou escarlate)]. Simboliza uma cor de aproximação, de encontro.

LARANJA

Antes de os europeus conhecerem as laranjas, não existia a cor laranja. É inútil procurar uma referência a esta cor em livros antigos. Porém, Goethe a chamava de *gelbrot*, isto, é um vermelho amarelado (Heller, 2004:182).

Realmente, o laranja é a cor correspondente ao vermelho moderado.

A laranja tem sua origem na Índia e recebia o nome de *nareng*. Da Ìndia foi levada à Arábia, passando a chamar-se *narang*. Logo, por meio das Cruzadas, foi levada à Europa. Quando começaram a cultivar as laranjas na França, os franceses transformaram *narang* em *orange* – em função de os frutos terem reflexos dourados (ouro em francês é *or*).

A laranjeira é uma árvore exuberante: tem frutos e flores e em função disso é símbolo de fertilidade. Também não é por acaso que muitas noivas, ao se casarem, procuram buquês com flores de laranjeira.

A cor laranja é a que tem mais aroma. O vermelho é doce, o amarelo é acido e os molhos agridoces da cozinha asiática são em sua maioria da cor laranja.

Na China, o amarelo é a cor da perfeição, de todas as qualidades nobres. O vermelho é a cor da felicidade e do poder, e o laranja não se limita a estar entre a perfeição e a felicidade – tem significado próprio e fundamental: é a cor da transformação. Na China e na Índia o nome da cor laranja não é a fruta, mas sim o açafrão – corante laranja que produz a "rainha das plantas".

A ideia de transformação constitui um dos princípios fundamentais do confucionismo, a antiga religião chinesa. É uma religião sem igrejas ou sacerdotes e seu chefe supremo é o imperador. O poder terreno e o poder espiritual estão unidos, por isso o confucionismo está orientado da mesma maneira tanto à vida terrena quanto à vida "celestial".

Na mesma época que Confúcio (551-479 a.C.) viveu Buda (560-480 a.C.). A religião monástica não tardou em propagar-se na China. No budismo, a cor laranja é signo de iluminação e representa o grau supremo de perfeição.

Associação material: ofensa, agressão, competição, operacionalidade, locomoção, outono, laranja, fogo, pôr do sol, luz, chama, calor, festa, perigo, aurora, raios solares, robustez.

Associação afetiva: desejo, excitabilidade, dominação, sexualidade, força, luminosidade, dureza, euforia, energia, alegria, advertência, tentação, prazer, senso de humor.

AMARELO

O amarelo é um pouco mais frio do que o vermelho e remete à alegria, espontaneidade, ação, poder, dinamismo, impulsividade.

Pode sugerir ainda potencialização, estimulação, contraste, irritação e covardia.

No entanto, em contraste com uma cor mais quente, o amarelo adquire uma luminosidade maior, chama muito mais atenção e desperta os impulsos de adesão.

Usa-se a cor amarela quando se quer ver bem algum objeto, como uma bolinha de tênis.

Associação material: flores grandes, terra argilosa, palha, luz, topázio, verão, limão, chinês, calor de luz solar.

Associação afetiva: iluminação, conforto, alerta, gozo, ciúme, orgulho, esperança, idealismo, egoísmo, inveja, ódio, adolescência, espontaneidade, variabilidade, euforia, originalidade, expectativa.

Amarelo deriva do latim *amaryllis*. Simboliza a cor da luz irradiante em todas as direções.

É também conectada à prosperidade, riqueza e à divindade por associação ao dourado. É a cor do Imperador na China, por ser também a cor do Buda.

É muito comum a construção de situações antitéticas: uso em oposição à vida cotidiana cinza.

VERDE

Mistura do amarelo e azul, contém a dualidade do impulso ativo e a tendência ao descanso e relaxamento. É um sedativo que dilata os vasos capilares e tem efeito de reduzir a pressão sanguínea. Suas radiações acalmam as dores nevrálgicas e resolvem alguns casos de fadiga nervosa, insônia etc.

Sugere umidade, calma, frescor, esperança, amizade e equilíbrio, além de possuir todas as conexões com a Ecologia e a natureza.

Associação material: umidade, frescor, diafaneidade, primavera, bosque, águas claras, folhagem, tapete de jogos, mar, verão, planície, natureza.

Associação afetiva: adolescência, bem-estar, paz, saúde, ideal, abundância, tranquilidade, segurança, natureza, equilíbrio, esperança, serenidade, juventude, suavidade, crença, firmeza, coragem, desejo, descanso, liberalidade, tolerância, ciúme.

Verde vem do latim *viridis.* Simboliza a faixa harmoniosa que se interpõe entre o céu e o Sol. Cor reservada e de paz repousante. Cor que favorece o desencadeamento de paixões.

AZUL

Segundo Pastoureau (1997:23) e também Heller (2004:23-48), a cor azul é a preferida por mais da metade da população ocidental. De acordo com Heller (2004:23) o azul é a cor mais lembrada quando os ocidentais querem referir-se à simpatia, à harmonia, à amizade e à confiança.

O céu é azul e por isso o azul é a cor do divino, a cor do eterno. A experiência continuada converteu a cor azul na cor de tudo que desejamos que permaneça, de tudo que deve durar eternamente.

A cor azul tem ondas curtas (tempo de percepção 0,06 seg.). É a cor do infinito, do longínquo e do sonho. O que é azul parece estar longe: o céu, o horizonte, o ar...

A cor azul está reiteradamente presente na heráldica dos reis da França e posteriormente na bandeira do país. Outro índice de nobreza é constatado quando analisamos a expressão sangue azul, usada para referenciarmos as origens nobres. Ou ainda o lápis-lazúli das mais nobres pedras preciosas.

Ainda segundo Pastoureau (1997:25) o azul-marinho é a cor da civilização ocidental aos olhos das outras civilizações.

O azul-escuro indica sobriedade, sofisticação, inspiração, profundidade e está de acordo com a ideia de liberdade e de acolhimento. Designa infinito, inteligência, recolhimento, paz, descanso, confiança, segurança. Pode ter conotação de nobreza (sangue azul). O azul escuro também apresenta um componente de densidade (o mar profundo e denso tende a ser azul escuro).

A utilização da cor azul como fundo pode trazer para a marca uma maior sobriedade e sofisticação, desempenhando a função de empurrar as figuras principais para frente, caso haja. É a cor mais utilizada para expressar a sensação de frio.

Associação material: montanhas longínquas, frio, mar, céu, gelo, feminilidade, águas tranquilas.

Associação afetiva: espaço, viagem, verdade, sentido, afeto, intelectualidade, paz, advertência, precaução, serenidade, infinito, meditação, confiança, amizade, amor, fidelidade, sentimento profundo.

Azul tem origem no árabe e no persa *lázúrd,* por *lazaward* (azul). É a cor do céu sem nuvens. Dá a sensação do movimento para o infinito.

VIOLETA

A cor violeta é a resultante da mistura do vermelho com o azul. O lilás contém necessariamente a cor branca. Muitas são suas denominações, quer na linguagem ordinária, quer na pintura: azul-violeta, magenta, malva, vermelho-púrpura, vermelho-azulado, lilás, lavanda, morado (em espanhol: a cor da amora), entre outras.

Violeta é diminutivo do provençal antigo *viula* (viola). Essa cor possui bom poder sonífero.

Associação material: enterro, alquimia.

Associação afetiva: engano, miséria, calma, dignidade, autocontrole, violência, furto, agressão.

ROXO

Roxo nos vem do latim *russeus* (vermelho carregado). Cor que possui um forte poder microbicida.

Associação material: noite, janela, igreja, aurora, sonho, mar profundo.

Associação afetiva: fantasia, mistério, profundidade, eletricidade, dignidade, justiça, egoísmo, grandeza, misticismo, espiritualidade, delicadeza, calma.

PÚRPURA

Púrpura deriva do latim *purpura*. Simboliza a dignidade real, cardinalícia.

A cor púrpura no passado era obtida com a tinta de um molusco muito frequente no Mediterrâneo. A púrpura mais célebre de todos os tempos provinha da Fenícia, mais especificamente das cidades de Tiro e Sidón, hoje Líbano. Segundo Heller (2004:195), os fenícios descobriram o tingimento com púrpura em 1.500 a.C. A púrpura era obtida por meio de um trabalhoso processo artesanal que, ao final, garantia à cor (púrpura) total estabilidade à luz. Por esse motivo enquanto as outras colorações desbotavam, a púrpura se mantinha – daí sua conexão com a eternidade e, por conseguinte, com a nobreza, realeza e a religiosidade. No antigo testamento há referências à cor púrpura como sendo a mais apreciada.

No Império Romano apenas o imperador, sua esposa e filhos podiam usar roupas da cor púrpura.

Associação material: manto, igreja.

Associação afetiva: calma, dignidade, autocontrole, estima, valor.

É também a cor da teologia. A cor violeta eclesiástica tem sua origem na púrpura. A cor do poder terreno é, na interpretação eclesiástica, a cor da eternidade e da justiça. Assim, resolveu a igreja o dilema de seus ministros aparecerem como aspirantes ao poder e como humildes servidores de Deus.

MARROM

Morena de Angola que leva o chocalho
Amarrado na canela
Será que ela mexe com o chocalho
Ou o chocalho é que mexe com ela
(Morena de Angola, Chico Buarque)

Você era a mais bonita
Das *cabrochas* dessa ala
Você era a favorita
Onde eu era mestre-sala
Hoje a gente nem se fala
Mas a festa continua
Suas noites são de gala
Nosso samba é na rua
Hoje o samba saiu lá ia lá ia ...
Procurando você
Quem te viu, quem te vê
Quem não a conhece
Não pode mais ver pra crer
Quem jamais esquece
Não pode reconhecer
(Quem te viu, quem te vê, Chico Buarque)

Ao marrom se associa a cor da pele morena, as cabrochas. Na Antiguidade a cor morena era feminina, por ser a cor da terra e, portanto, da fecundidade.

Desde a Idade Média, há referências ao marrom como a cor das roupas populares (Heller 2004:259). Era a cor dos tecidos que não haviam sido tingidos.

Associação material: terra, águas lamacentas, outono, doença, sensualidade, desconforto.

Associação afetiva: pesar, melancolia, resistência, vigor.

Marrom, do francês *marron* (castanho).

ROSA

Resultante da mistura entre vermelho e branco. É o nome de uma flor e também um nome feminino muito comum.

As qualidades atribuídas à cor rosa são consideradas tipicamente femininas. Simboliza o encanto, a amabilidade. Remete à inocência e à frivolidade.

É uma cor terna e suave muito utilizada em associações com o público infantil, principalmente entre as meninas.

SALMÃO

O salmão é um dos raros animais cujo nome deu origem a um qualitativo de cor na maioria das línguas. Salmão qualifica um cor-de-rosa bastante suave "atirando-se" ao alaranjado. No final do século XIX e no início do XX, designava mais uma tonalidade do vermelho que uma tonalidade rosa alaranjada. É verdade que a carne dos salmões outrora não apresentava exatamente a mesma cor desbotada dos salmões dos viveiros de peixes. O êxito da palavra salmão como vocábulo cromático é atestado pela rápida criação do adjetivo "salmonado" para qualificar a nuance de um certo número de cores: bege salmonado, amarelo salmonado etc.

A designação salmão poderá sofrer – como, aliás, já sofre – alguma perda de uso em função da concorrência com a palavra pêssego, que designa uma nuança próxima (cor-de-rosa pálido ligeiramente alaranjado) e contém igualmente uma alta positividade, a ideia de uma vaga doçura aveludada.

PRATA

Reden ist Silber, Schweigen ist Gold
Falar é prata, calar é ouro

A prata é um elemento químico (tabela periódica – número atômico 47 – símbolo Ag – argento) da cor da prata. Pela proximidade com o branco, o azul e o cinza, gera efeitos de sentido de frieza e distanciamento

Há na linguagem ordinária diversas denominações para a cor prata: alumínio, cromado, platinado, prateado, ouro branco, prata velha, zinco, níquel, cinza metálico, entre tantas outras.

O gigante mitológico Argos recebeu esse nome em honra à prata, que em latim é *argentum* e em grego, *argyros*. O gigante era vigilante e mantinha seus olhos sempre abertos, que brilhavam como a prata no firmamento estrelado.

8 — PESO DAS CORES

As cores exercem diferentes efeitos fisiológicos sobre os organismos humanos e tendem, assim, a produzir vários juízos e sentimentos.

Aparentemente, damos um *peso* às cores. Na realidade, olhando para uma cor damos um valor-peso, mas esse peso é predominantemente psicológico.

Em experiências realizadas por Warden e Flynn (1980) foram atribuídos pesos diferentes a objetos iguais, mas cada um desses pintado numa cor: preto, vermelho, púrpura, cinza, azul, verde, amarelo e branco. Colocaram-se, a certa distância um do outro, os oito objetos, quase iguais na composição, mas todos do mesmo tamanho, sendo cada um deles de cor diferente. As pessoas presentes foram informadas de que os objetos expostos possuíam um peso que variava de 3 a 6 kg. O resultado provou a existência de um peso aparente devido à cor. Entre o preto e o branco, colocados nos dois extremos, registrou-se a diferença de 2,5 kg. Na realidade, todos os objetos eram do mesmo peso: 4 kg.

Numa investigação realizada pelo Prof. Farina como um anexo ao trabalho sobre preferência de cores, comprovou-se a existência de um peso psicológico. A amostragem, nesse estudo, envolveu duas mil pessoas adultas, na cidade de São Paulo; portanto, uma amostragem brasileira. Na realidade, foi um estudo que se repetiu semestralmente em aulas na Universidade de São Paulo, há muitos anos. O equilíbrio do peso aparente fixou-se nos dados expostos a seguir, confirmando o trabalho norte-americano realizado por Warden e Flynn:

Amostra: sete recipientes iguais e com tampa, pintados em "branco", "preto", "cinza", "vermelho", "amarelo", "verde" e "azul".

Peso informado: de 50 a 300 g cada.

Resultado da escolha dos recipientes e na ordem do mais pesado ao mais leve, pelos entrevistados (1.000):

Figura 7
Tabela resumo de pesquisa da relação cor/peso, do Prof. Modesto Farina.

+ Pesado						+ Leve
Preto (300 g)	Verde (250 g)	Azul (200 g)	Vermelho (150 g)	Cinza (100 g)	Amarelo (80 g)	Branco (50 g)
Porcentagem de escolha do mais pesado				83% preto		
Porcentagem de escolha do mais leve				96% branco		
Cor próxima do mais pesado				33% verde		
Cor próxima do mais leve				33% amarelo		
Outra cor perto do pesado				17% azul		
Outra cor perto do mais leve				20% cinza		
Cor no meio da escala de peso aparente				17% vermelho		

Todos os recipientes tinham o mesmo peso, ou seja, 200 g. As pessoas tentavam avaliá-los visualmente, isto é, sem tocar nos objetos.

9 — TESTE DAS CORES

Como afirmamos anteriormente, as pessoas reagem de maneira diversa ao impacto da cor. Tentamos analisar quais os fatores que agem sobre elas e que determinam suas escolhas nesse campo. Há uma série de dúvidas básicas que a própria Ciência ainda não elucidou com total clareza. Entretanto, um fato é inegável: sejam quais forem os motivos que impulsionam o homem, é importante, especialmente no campo mercadológico, conhecer as suas preferências.

A Publicidade não é feita a esmo. Ela tem um fim: atingir o indivíduo por meio de uma mensagem para incitá-lo a uma ação: compra, adesão etc.

É óbvio que conhecer profundamente o destinatário da mensagem é fator importante para o publicitário. Torna-se muito interessante, no caso, a utilização do teste das cores de Lüscher (1980), que consiste em obter informações psicológicas o mais possível precisas sobre uma pessoa mediante suas preferências, indiferenças e rejeições por determinadas cores.

As grandes vantagens de seu método são: fácil aplicação por leigos; o indivíduo pode aplicá-lo a si próprio da mesma forma que autoaplicação, ou seja, faz com os outros rápida avaliação dos resultados.

O teste tem sido empregado na Medicina, oferecendo dados importantes para uso no diagnóstico, na terapia e também para o prognóstico de várias doenças.

É usado, também, em campos variados como educação, orientação vocacional, seleção de pessoas na indústria e comércio. Para o publicitário, ele abre, obviamente, um campo de várias perspectivas.

Diz o professor Theodorus van Kolck (1971) que a Psicologia se interessa pelo substrato do símbolo, ou seja, a vivência da cor, o que a cor desperta no indivíduo. Refere-se ao que está menos sujeito à socialização e às interferências tradicionais, estéticas e culturais. Interessa-se, ainda, pela vivência afetivo-emocional, por aquilo que deu origem ao símbolo e pela fonte energética de que o símbolo é uma função.

Já mencionamos anteriormente que devemos a Goethe a iniciativa de introduzir a cor no campo dos valores simbólicos. O professor van Kolck afirma que, a partir desses estudos, a Psicologia passa a "se ocupar das relações entre a personalidade e a cor como estímulo afetivo", e cita os estudos de Pfister (1960), Furrer (1953), Rorschach (1946), Graves (1952), Hervner (1935), Lewinsky (1938), Alschuler (1943), Schachtel (1943), Bricks (1944), Kouwer (1949), Pastoureau (1997), Heller (2004) e muitos outros. Além disso, cita os novos testes elaborados e que se baseiam na interpretação das cores, como o teste de Lüscher (1970), as pirâmides coloridas de Pfister (1951), o *Farbspiegeltest* de Frieling (1955), o *Farbstern-test* de Seyfried (1955), e o teste do simbolismo das cores de Abonai e Matsuoka (1972). Interessante o trabalho do professor van Kolck sobre o *teste das pirâmides coloridas de Pfister*, porque, desse ponto, parte para uma nova experiência na área de Marketing.

10 — COR E TIPOLOGIA

Para Jaspers (1951), a personalidade acha sua definição "no modo peculiar como se manifestam as tendências e os sentimentos de um indivíduo no mundo pelo qual ele é influenciado e ao qual reage".

A tipologia da caracterologia se propõe, ao menos do ponto de vista teórico-estatístico, a unir, a codificar e a classificar os vários traços de caráter, utilizando para isso um esquema qualquer em que vários tipos caracterológicos possam ser integrados para uma compreensão melhor.

Segundo van Kolck (1971), são dois os polos visados: o eu e o mundo externo. Ele cita Kouwer (1949), que chega a afirmar que a "cor é como um elemento-base na interação eu-mundo", e enumera vários autores que empregaram o estímulo cromático como elemento diagnóstico para chegar a vários "tipos perceptivos". Entre eles Carl Jung (1947), que divide os grupos psicológicos em dois, conforme a predominância dos fatores de introversão e extroversão, conferindo ao tipo pensador o azul; ao sensitivo, o verde; ao sentimental, o vermelho; e ao intuitivo, o amarelo. E Lüscher (1962), que propõe uma tipologia baseada na combinação de dois elementos básicos do comportamento: a atividade e a passividade, a autonomia e a heteronomia. Daí resultam quatro tipos psicológicos: os que se inclinam à cor azul (os heterônomos passivos), os que tendem ao vermelho (os autônomos ativos), os que apreciam o verde (os autônomos passivos) e os que sofrem a influência do amarelo (os heterônomos ativos).

Van Kolck cita também Rickers Ovsiankina, que havia chegado à conclusão de que os sujeitos que preferem as cores quentes se caracterizam por uma relação muito íntima com o mundo percebido; são receptivos e abrem-se facilmente às influências exteriores. Possuem calor humano, sugestionam-se facilmente, são afetivos e o que caracteriza suas funções mentais é a rapidez. Nas relações sujeito-objeto, a acentuação cai no objeto. Os indivíduos que se inclinam às cores frias nunca se adaptam espontaneamente ao ambiente, possuem sempre uma atitude de distância em relação ao mundo. Emocionalmente, são frios e reservados; no relacionamento sujeito-objeto, a ênfase cai no sujeito.

É fato comprovado que o comportamento do indivíduo é o resultado de uma interação da personalidade e do ambiente, e ele possui capacidade para novas adaptações. Se conhecermos os estímulos e o comportamento, a estrutura da personalidade poderá ser deduzida.

Os testes aplicados com essa finalidade pressupõem uma determinação dos melhores estímulos e dos comportamentos julgados mais reveladores. Normalmente, os estímulos escolhidos são os que correspondem a uma necessidade em que o indivíduo tem de investir os seus afetos específicos. Segundo van Kolck, os testes de cores em geral se fundamentam nesse princípio, e ele considera que o mais difundido no Brasil é o *teste de cores* de Max Pfister[5].

11 — INFLUÊNCIA DA COR NO CAMPO DA MEDICINA

Esta seção envolverá os seguintes temas: cor e Medicina; luz colorida e aplicações médicas. Apesar da existência de um inter-relacionamento entre as áreas, de fato elas se integram, e o leitor notará que, ao longo do presente trabalho, os caminhos da exposição lógica de um fato se encontram e se reencontram com outros fatos vistos de uma maneira diferente, representando, às vezes, contradições inexplicáveis. Na realidade, todos eles levam ao mesmo objetivo: a procura de um elo de conexão entre nossa sensação visual e nosso corpo físico e mental.

Já há bastante tempo tem se verificado uma relação entre nossas sensações visuais e o nosso organismo. Médicos, psicólogos e pesquisadores científicos em várias partes do mundo têm intensificado suas pesquisas sobre essa relação aparentemente inexplicável.

Nesta seção, procuramos coletar informações fidedignas, autênticas, de investigações realizadas isoladamente por inúmeros cientistas de vários países. Descartamos, pois, muitas informações de autêntico sabor de fantasia ou simplesmente literárias. Talvez algumas sejam verdadeiras, mas, não havendo menção de sua fonte original, período de investigação, nomes dos integrantes da equipe pesquisadora, responsáveis etc, perde-se a autenticidade científica dos fatos.

Portanto, somos forçados a uma prolixidade em nossa exposição, para evitar adentramentos por esquemas mentais que, muitas vezes, conduzem, por simpatia pelo assunto, a dissertar longamente e com o perigo de um distanciamento da realidade científica.

Integram o pensamento científico desta exposição grandes mestres da Medicina clínica, Psicologia, Neuropsicologia, Psicobiologia, Psiquiatria, Neurofisiologia, bem como o de muitos pesquisadores autônomos credenciados de vários países, inclusive do Brasil.

[5] Max Pfister nasceu em 1889 na Suíça. Depois de se dedicar à Arte durante uma grande parte da sua vida, embora sempre com um interesse latente pela Psicologia, matricula-se em um curso de Psicologia Aplicada em Zurique. Sua tese de doutorado foi bastante original e se referia a um novo método de exploração da personalidade com base na preferência pelas cores e em sua disposição em forma de pirâmides. A primeira comunicação oficial foi feita por volta de 1948/49. Era ainda um trabalho mais apoiado em um processo de observação intuitiva do que em comprovações científicas. Posteriormente, o psicólogo alemão Robert Heiss deu-lhe um tratamento mais rigoroso e metódico, usou normas e padrões estatísticos, dando-lhe uma objetividade que antes não possuía. Em 1951, Robert Heiss e Hildegard Hiltmann publicaram o livro *Der Farb-pyramiden-Test, nach Max Pfister*, pela Editora Hans Huber, em Berna, na Suíça.

Como não existem ainda teorias completamente fixadas, com exceção de algumas, é nosso dever expor o que se sabe, o que se descobriu cientificamente a respeito das sensações visuais. Fazem parte da lista Max Lüsher, Robert Heiss, Hildegard Hiltmann, Max Pfister, Theodorus van Kolck, H. Frieling, Ernest G. Schachtel, Faber Birren, J. Bamz, Kurt Goldstein, Ralph W. Gérard, Adrian Bernard Klein, Saburo Ohba, M. Déribéré, C. J. Warden, E. L. Flynn, W. Furrer, M. Graves, R. Hevner, R. H. Lewinsky, B. J. Kouwer, Wilhelm Wundt, Edward Grom, G. Losada, Wilhelm Ostwald, Kurt Schawer, Octacílio de Carvalho Lopes, William A. Bryan, Reginald Roberts, Plancus e tantos outros que consultamos e que nos deixaram impressionados pelas descobertas. Procuraremos então reunir aqui suas plataformas científicas, que, a nosso ver, permitem iniciar um verdadeiro estudo da Cromoterapia. Foi realizada nos anos 1980, no Brasil, a respeito do assunto, uma pesquisa, cuja amostragem abrangeu cerca de dois mil médicos, dois mil enfermeiros e doze mil enfermos, que, por sua vez, contemplam dez áreas de diferentes enfermidades que obrigam a uma hospitalização. Os resultados da pesquisa ofereceram valiosos subsídios aos profissionais médicos, arquitetos e decoradores, podendo confirmar ou não os relatos, muitos deles isolados, dos pesquisadores mencionados. Vejamos:

Azul. Seu órgão é a pele. Assim, o eczema e a acne, muitas vezes, podem estar associados a relações perturbadoras que envolvem ternura, amor ou afeto íntimo com a família, o amor jovem e o casamento. Cor sugerida para os pacientes maníacos e violentos. É sedativa e curativa. Indicado para uso medicinal (queimaduras, doenças da pele). Seu excesso favorece a pneumonia, a tuberculose pulmonar e a pleurisia. Ajuda contra doenças de olhos, ouvidos, nariz e pulmões.

Azul-índigo. Indicado para os pulmões, a fim de remover sua congestão. Paralisa úlceras e inflamações.

Verde-azulado. Seus órgãos são os músculos lisos. Assim, as úlceras gástricas e as perturbações digestivas são associadas à preocupação com a possível perda de posição ou fracassos. Ajuda contra doenças do sistema nervoso e aparelho digestivo. Certas variações do verde favorecem as doenças mentais e nervosas.

Verde-claro. Tranquiliza os pacientes perturbados.

Verde-nilo. Estimula e tonifica o sistema nervoso.

Laranja. No uso medicinal, é indicado contra baixa vitalidade, tônica baixa. É tônico e laxativo. Aumenta a vitalidade do sistema nervoso. Também indicado, no uso medicinal, contra venenos, ossos quebrados e subnutrição. É antisséptico e adstringente.

Vermelho. Estimula as emoções. Perturba o equilíbrio de pessoas normais; produz nervosismo, mau temperamento, fortes dores de cabeça, morbidez, degeneração moral. Superestimula o sistema nervoso. Perigoso ao aparelho digestivo, principalmente ao estômago, porque produz fermentação. Já para outros especialistas, essa cor ajuda contra doenças do estômago, do fígado e do baço. A roupa íntima em vermelho parece ser danosa para os rins. É também perigoso para crianças em crescimento. Previne contra as pústulas, em caso de varíola. Indicação para uso medicinal: anemia, icterícia, amarelão da pele. É efetivo nos casos de envenenamento do sangue. Variações da cor vermelha favorecem as doenças do coração, bem como reflexos sobre a pressão arterial.

Vermelho-alaranjado. Seus órgãos são os músculos estriados (voluntários), o sistema nervoso simpático e o aparelho reprodutor. Geralmente esgotamento físico e nervoso, os distúrbios cardíacos e a perda de potência ou de desejo sexual se devem ao vermelho e a algumas de suas tonalidades. Acelera a pulsação, eleva a pressão sanguínea, aumenta a respiração. Atua sobre os sistemas nervoso e endócrino.

Rosa. Indicado para uso medicinal contra anemia e melancolia.

Cereja. Indicado para uso medicinal contra palpitações.

Amarelo. Influencia o sistema nervoso simpático e parassimpático. Fisiologicamente, aumenta a pressão arterial e os índices de pulsação e respiração (como o vermelho, mas de forma menos estável). Seu excesso favorece indigestões, gastrites e úlceras gástricas. O amarelo geralmente produz enjoo nos passageiros quando o interior do veículo (especialmente avião) é pintado nessa cor. É também considerado um restaurador dos nervos. Indicado para uso medicinal para os nervos e inflamações.

Limão. Indicado para uso medicinal contra exaustão. Para efeito antisséptico e tônico.

Escarlate. Indicado para uso medicinal contra senilidade e baixa vitalidade animal.

Índigo. Indicado para uso medicinal no alívio de ebulição e inchaço. Efeito narcótico e hipnótico.

Violeta. Indicado para uso medicinal contra febre, congestões, erupções e fraqueza. É associado a um mau funcionamento da tireoide.

Púrpura. Indicado para uso medicinal contra pressão alta. Antidepressivo.

Cinza. Diminui nervosismo e insônia.

Vermelho e amarelo. Despertam o paciente melancólico e deprimido.

Marrom. Tal como o amarelo, pode provocar enjoo em passageiros quando o interior do veículo é pintado nessa cor, principalmente o avião.

Cinza-claro, verde-claro, amarelo. Animam os pacientes, quando os quartos são pintados nessas cores.

Cores alegres. Em geral estimulam o apetite.

Cores suaves. Estimulam o repouso.

LUZ COLORIDA E MEDICINA

Luz vermelha. Influencia nas refeições, produzindo irritação em virtude da fermentação provocada pela luz, e consequentemente úlcera estomacal e desordens gastrointestinais. Estimula as funções orgânicas do homem. Favorece a evolução da catapora, do sarampo e da escarlatina.

Vibração azul. Indicada contra histeria nervosa.

Raios vermelhos. Estimulam os nervos de quem sofre de anemia e é debilitado.

Luz branca. Faz bem ao fígado.

Luz anilada. Possui poder analgésico.

Luz e cor verde. Nas paredes e em vibrações, possuem efeito tranquilizante.

Tentativas terapêuticas à base de cores vêm sendo desenvolvidas em algumas clínicas de diferentes países. O doutor William A. Bryan, no Worcester State Hospital, por exemplo, costumava dar banhos de cores para cura de certos pacientes com doenças mentais. Outras tentativas semelhantes são feitas pelo doutor Francis J. Kolar, em Los Angeles – EUA, desde os anos 1970.

Interessantes experiências sobre curas através das cores são realizadas no Denver State Hospital, no Boston Psychopathic Clinic e no Spectrochrome Institute, em Malaga, New Jersey.

parte 5

A COR NA COMUNICAÇÃO

Eu ando pelo mundo prestando atenção
Em cores que eu não sei o nome
Cores de Almodóvar
Cores de Frida Kahlo, cores.

Esquadros, Adriana Calcanhotto

Figura 1
Mercado em Barcelona,
Espanha, abril de 2006.
Profusão cromática.
Foto: Bruno Pompeu
Marques Filho.

Após as considerações feitas até aqui, nas quais estudamos a "natureza, o homem e a cor", o "processo visual", o "fenômeno do cromatismo" e a "cor como signo cultural e psicológico", já podemos analisar como essas teorias e conceitos se comportam no cotidiano da comunicação mercadológica.

Porém, antes de abordarmos a cor como foco desta análise, vale lembrar como se deu a evolução da estética da comunicação que hoje conhecemos. Isso pode ser interessante, pois se temos a convicção de que a imagem passou a dominar a comunicação no final do século passado, podemos concluir que a cor passa a ter maior importância nesse processo.

Se partirmos do princípio de que para a construção de uma mensagem gráfica existe um código visual gráfico, cujos componentes são o espaço, a linha, a forma, o tom e a cor, podemos afirmar, pelo que vimos até aqui, que a cor é o elemento mais rico e vigoroso do código visual gráfico. Passemos então à análise de sua utilização no âmbito da comunicação.

1 — UTILIZAÇÃO DA COR

Podemos constatar que o uso da cor, nos diferentes campos em que seu emprego tem valor decisivo, não pode ser resolvido arbitrariamente, com base apenas na percepção estética e no gosto pessoal.

Com referência às áreas publicitárias e de promoção de vendas, vários fatores se conjugam para determinar a cor exata que será a portadora da expressividade mais conveniente a cada tipo específico de mensagem para um produto a ser consumido ou serviço a ser utilizado. Na realidade, a especificidade daquilo que será anunciado tem íntima conexão com a cor empregada, quer seja para transmitir a sensação de realidade, quer para causar impacto ou realçar um diferencial.

Ninguém ignora, por exemplo, que a cor é uma das características da moda, estando, portanto, intrinsecamente ligada ao estilo de vida, isto é, à maneira que cada sociedade tem de ser e de fazer determinadas coisas. Ao acrescentar às cores do espectro solar outras gamas decorrentes de suas experiências no campo da Química, o homem passou a ter possibilidades mais amplas e diversificadas para exercitar sua criatividade na configuração de um novo gosto, contribuindo com a sua parte para o surgimento de um estilo renovado. Ninguém ignora que a integração do *novo,* dentro de uma sociedade já moldada em determinados padrões integralmente assimilados e sancionados pelo gosto da época, é um processo lento precedido por uma vanguarda que, pela audácia e irreverência, pela quebra de tradições e pela repetição impositiva, vai sendo assimilada gradualmente até uma aceitação praticamente total.

Obviamente, a Publicidade se adapta ao estilo de vida e reflete, ao menos em parte, o comportamento humano dentro de um determinado espaço-tempo. Essa limitação na transmissão da imagem se deve a uma das características mais marcantes da Publicidade, que é a de não fixar os aspectos negativos da sociedade, dentro da qual é criada e para a qual se dirige. Nesse sentido ela pode ser considerada ilusória, pois fixa apenas os aspectos de uma realidade colorida, bela e feliz e tem a intenção de sitiar as interdições. Por todo o seu conteúdo emocional, por sua força de impacto e por sua expressividade de fácil assimilação, é a cor o elemento que mais contribui para transmissão dessa mensagem idealizada, embora, paradoxalmente, ela seja também o fator preponderante na concretização do aspecto real da mensagem plástica.

O problema, como se pode verificar, é mais complexo do que poderia parecer à primeira vista, e merece um estudo prévio e seriamente fundamentado para que as experiências no setor mercadológico não caiam no esquema de *tentativa e erro,* que representam não só perda de tempo, como também um desperdício no âmbito financeiro.

Podemos afirmar que a criatividade dos homens de Marketing é tão grande no seu setor quanto a dos artistas plásticos, dos escritores ou dos cineastas. Mas, além de conhecer as orientações do mercado e de medir a sua potencialidade, eles necessitam de um domínio técnico-teórico bem fundamentado que lhes possibilite uma margem de precisão e segurança, cuja meta certa é o lucro.

O grau de atenção despertado é, na Publicidade e na promoção de vendas, o requisito básico a ser observado. É sob esse ângulo que podemos começar a analisar a importância do uso corrente da cor.

Em virtude de às suas qualidades intrínsecas, a cor tem a capacidade de captar a atenção do comprador rapidamente e sob um domínio, em essência, emotivo. Esses dois itens, a rapidez e a carga emotiva, serão estudados mais detalhadamente nos próximos itens, assim como o devido emprego de suas várias outras qualidades. O que desejamos, portanto, é a perfeita adequação da cor à sua finalidade, dentro de certos princípios e normas, embora estes sejam elásticos e subjetivos; adequação esta que deverá contribuir decisivamente para assegurar um papel positivo na mensagem da venda, sendo esta um dos pontos primordiais da estratégia de Marketing, e cujo esquecimento ou negligência pode anular o valor de qualquer veículo comunicador ou mensagem por mais dispendioso que tenha sido. Entre os principais veículos incluímos a embalagem, a própria identidade visual, a mídia impressa, a mídia exterior e tantas outras formas de comunicação publicitária e promocional.

2 — ANÁLISE DO MERCADO EM FUNÇÃO DA COR

Dentro de um plano geral de Marketing, uma pesquisa de mercado relativa à cor — fator importante nas vendas — deveria embasar-se em vários setores, considerando-se as muitas variáveis que podem afetá-la.

Em primeiro lugar, é preciso definir, durante o planejamento mercadológico, se o produto dá margem a uma procura racional por parte do comprador. Nessa hipótese, a cor geralmente tem uma influência muito grande, pois ninguém compra, por exemplo, um tapete ou uma cortina sem saber se esses objetos são adequados ao esquema de cor já planejado pelo consumidor, a não ser que eles venham a ser o ponto de partida para esse planejamento.

De qualquer forma, teremos de verificar, obviamente, os produtos correlatos cujas cores possam se compor na tendência constatada. Uma geladeira, por exemplo, cuja linha de cores esteja compatível com a de fogões e laminados plásticos, terá menos problemas de aceitação no mercado. Na maior parte das vezes, não há necessidade de mudar a linha do produto quando uma simples mudança na cor e em pequenos acessórios bastará para atualizá-la.

Assim também uma embalagem poderá ter sua mudança estética com uso certo de cores mais adequadas e motivadoras, que a destaquem entre os demais produtos concorrentes.

A proposição publicitária de um produto só poderá dar ênfase a uma determinada cor ao se decidir a categoria social e a faixa etária, especialmente, do público consumidor potencial. Casais jovens têm preferências diversas ou opostas às dos demais adultos ou dos mais idosos, de gosto mais conservador e assim por diante.

Quase sempre, torna-se necessário pesquisar o mercado para a verificação de tendências: numa mesma época podem ser usadas determinadas cores na cozinha e outras num dormitório. Por outro lado, dificilmente a tendência para uma cor é válida para a totalidade dos usos previstos para um mesmo produto. É óbvio que qualquer previsão nesse setor se limita a um curto prazo na sua aplicação.

Quaisquer decisões a respeito do uso da cor no produto deveriam realmente ser antecipadas por uma análise do mercado e das tendências do consumidor. Assim, despesas inúteis podem ser evitadas com base em dados concretos, e pode-se atender a uma demanda exigida dentro de uma realidade espaço-tempo comprovada por pesquisa.

Não é necessário repetir que a Publicidade reflete tendências do momento, pois ela se configura como um revelador sociocultural. O que podemos salientar é que ela acentua e realça o clima desejado, criando um ambiente que se adapte ou se antecipe à manifestação do desejo do consumidor e à sua consequente ação para caracterizá-lo e satisfazê-lo mesmo que transitoriamente.

Na segunda hipótese, pode-se prever a ocasionalidade da chamada *compra de impulso.* De fato, a maioria dos consumidores necessita geralmente de um produto igual ao primeiro. Um automóvel, por exemplo, seria suficiente, mas um segundo veículo estaria satisfazendo um significado psicossociológico. As pessoas que sempre possuíram determinados bens ou objetos não sentem necessidade de exibi-los aos demais, enquanto a maioria compra por força de necessidades criadas, já que isso daria definição a uma situação socioeconômica, ao mesmo tempo que traduziria imposição de uma significação psicológica e sociocultural.

Essa segunda categoria de pessoas é alvo da atenção detalhada do publicitário. Gerar no consumidor uma necessidade, estimulá-lo a uma nova conduta por meio da aquisição, fazê-lo sentir-se motivado por algo que não o leve a futuros arrependimentos, criar nele necessidades artificiais, – como compensação de desejos insatisfeitos – motivá-lo pela existência de bons produtos e serviços merecedores de sua aquisição constituem, na realidade, matéria-prima ideal para o moderno processo da comunicação publicitária.

O consumidor, portanto, é continuamente estimulado por profissionais que, aparentemente, desejam seu bem-estar, seu conforto, seu prestígio social, enfim, sua felicidade e a de seus familiares, bastando para isso a aquisição do produto ou serviço oferecido. É a Publicidade e a busca da completude humana: "A Publicidade atualiza as necessidades presentes, traduz, exacerba e confere valor aos produtos, tornando-os mais desejáveis... é um chamamento" (Perez, 2004:114).

Nessa complexa operação, a cor constitui-se em um importante elemento comunicativo. Trata-se, portanto, de um conteúdo de consciência, originariamente simples percepção, vivida através de nossa sensação visual. O processo subsequente de elaboração dessa imagem sensível mostra como nós a abstraímos e a combinamos, por meio de nossa criatividade, reproduzindo-a à vontade por intermédio de situações dramatizadas associativas.

É surpreendente notar que a percepção da cor e sua consequente recordação, assim como seus mais complexos processos de elaboração, estão sempre envolvidas em sentimentos de prazer ou dor, agrado ou desagrado – são polarizações de sentido.

A sensação da cor não entra por conta própria na consciência, mas esta se dispõe ativamente a percebê-la, prestando-lhe atenção ou não, registrando-a ou não. Por outro lado, não é suficiente a impressão que deixa a cor para que seja lembrada. É preciso o reconhecimento, isto é, uma atividade do ego que procura, nos recintos recônditos da memória, aquelas coisas que deseja recordar. Além disso, o valor intelectual desse reconhecimento é bem diferente do tom afetivo que o indivíduo recebeu na experiência anterior.

O mundo objetivo também constitui, portanto, motivação, sendo a cor um elemento que suscita sentimentos, juízos, avaliações e que nos oferece, via sensibilidade, a compreensão de que o que desejamos é algo lindo, feio, agradável, desagradável, conveniente ou inconveniente.

Resumindo as duas hipóteses expostas, talvez as mais importantes sobre o comportamento de compra do consumidor (a de uma compra prioritariamente racional e a de uma compra movida por impulso – prioritariamente emocional), uma independente da outra nos seus processos de elaboração psíquica, diremos que a presença do elemento cor na Publicidade depende exclusivamente do grau de sensibilidade em que o indivíduo se encontra no momento da recepção da mensagem – grau que, muitas vezes, por motivos alheios, pode mudar, mesmo por alguns momentos, o comportamento do consumidor.

Em síntese, podemos, por exemplo, ser muito racionais no ato de comprar coisas que nos interessam como complemento de situações e, ao mesmo tempo, ser motivados simplesmente por um detalhe (no caso, a cor) na compra de coisas que somente constituem uma gratificação material a definidos desejos insatisfeitos.

Seja como for, temos uma variada gama de consumidores, que os psicólogos e publicitários assim definem: os sentimentais, em maior número; os volitivos, sempre prontos a satisfazer suas vontades; os intelectuais, em menor número, que estão sujeitos a um processo psicológico de compra, quer na análise e relação entre posições de oferta e demanda, quer na vivência da aspiração, ou melhor, na aplicação a relações de posição.

Portanto, notaremos que o comportamento do consumidor, dependendo do alcance positivo da mensagem **publicitária**, pode levar a uma compra regular, por uma questão de hábito; a uma compra coativa, por uma necessidade; a uma compra de ocasião, por economia de recursos; a uma compra impulsiva, para satisfazer desejos surgidos espontaneamente num período espaço-tempo relacionado ao seu momento de menor ou maior grau de sensibilidade; a uma compra emocional, envolvida a reminiscências infantis ou à compensação psicológica de um sentimentalismo penetrante; a uma compra de prova, ligada à experimentação; ou ainda a uma compra planejada num sentido de especulação, de busca de conhecimento.

3 — APLICAÇÃO DA COR EM PUBLICIDADE E PROMOÇÃO DE VENDAS

Diversas pesquisas chegaram à conclusão de que o azul é uma cor adequada à embalagem de produtos alimentícios em alguns casos apenas. Além de ser frio, quando a embalagem é transparente, ele pode sugerir a falsa e negativa ideia de diluir o produto. Para uma embalagem de um produto como o leite, por exemplo, essa cor não é aconselhável; já para um recipiente transparente que contém água mineral, sim, pois nesse caso ela é extremamente funcional. Para um *display,* a cor individualizada do produto, adequada a sugerir de imediato as suas qualidades, é de importância vital para sua vendagem. O problema é realmente difícil quando pensamos, por exemplo, que o marrom é a cor exata para sugerir o chocolate e, entretanto, se colocada na embalagem do produto fixada no *display,* pode fazê-lo passar despercebido no conjunto. É nesse ponto que o gosto e a inteligência do criador do *display* se manifestam, e onde há margem para uma solução personalíssima, na qual regras e orientações são um meio-auxílio.

Outro ponto a observar é o que se refere à alteração da cor em relação à iluminação usada. Nesse caso, será interessante reler o item em que abordamos o fenômeno do cromatismo.

No *display*, levando em consideração o "peso" que o uso de diferentes cores nas várias embalagens confere aos objetos, é preciso certo cuidado para estabelecer um equilíbrio no aspecto formal total. Agrupar uma série de produtos embalados em cor escura de um só lado poderá sugerir a idéia de que o *display* está desequilibrado, pendendo para o lado dos produtos de cores "pesadas".

A cor é uma ferramenta mercadológica muito importante. De certo modo, as cores são uma espécie de código fácil de entender e assimilar, e por isso pode e deve ser usado estrategicamente como um instrumento didático. As cores formam uma linguagem imediata que tem a vantagem de superar muitas barreiras idiomáticas com seus conseguintes problemas de decodificação. Dentro do mundo da embalagem, a cor é fundamental. Os consumidores estão expostos a inúmeras mensagens visuais diferentes. Dentro de um autoserviço, o tempo estimado em que o cliente se detém a ver um produto é de 1/25 a 1/52 de segundo (Giovanetti 1995:111), de modo que cada produto luta por sobressair-se dos demais, buscando ser reconhecido e chamar a atenção de forma que o consumidor pare, toque e o leve consigo.

De uma simples proteção para a mercadoria e uma marca de fábrica, na atualidade a embalagem se transforma em um vendedor silencioso. É o cartão de visitas do produto e o toque essencial na cadeia mercadológica, conectando o produto ao consumidor. A embalagem deve funcionar como um comercial "relâmpago", chamando a atenção do comprador.

A cor faz reconhecível e recordável a embalagem, além disso, é possível usá-la para categorias específicas de produtos. No entanto, há que se ter muito cuidado com esta afirmação, já que seria muito simplista dizer que a cor da embalagem está ditada pelo tipo de produto que contém; se fosse verdade, todos os cremes dentais seriam brancos ou brancos com azul etc. (e o que dizer do amarelo e verde de Kolynos e posteriormente de Sorriso?). A seleção da cor para um produto deve ir ao encontro do perfil do consumidor, da região, da classe social e muitos outros fatores, como aspectos culturais e psicológicos.

A forma e a cor são elementos básicos para a comunicação visual. Alguns dos efeitos da cor são: dar impacto ao receptor, criar ilusões ópticas, melhorar a legibilidade, identificar uma determinada categoria de produto, entre outros.

3.1 — COR E LEGIBILIDADE

Se, bem utilizada, a cor é uma forma de melhorar a leitura das informações verbais, dos símbolos, dos logos etc., mas também, se usada inadequadamente, traz complicações e inadequações. A tabela de Karl Borggrafe (in Favre & November, 1979:48) mostra a legibilidade de letras sobre determinados fundos cromáticos. Esta informação se baseia em provas de leitura realizadas com letras de 1,5 cm de altura sobre cartões de papelão de 10 cm x 25 cm de largura. Para medir o tempo exato de leitura se usou um taquistoscópio. Vejamos os principais resultados da pesquisa:

Figura 2
Adaptado de Karl Borggrafe in Favre&November. *Color and und et communication,* 1979: 50

LEGIBILIDADE DAS CORES

CLASSIFICAÇÃO	COR DA LETRA	COR DO FUNDO
1ª.	Preta	Amarela
2ª.	Amarela	Preta
3ª.	Verde	Branca
4ª.	Vermelha	Branca
5ª.	Preta	Branca
6ª.	Branca	Azul
7ª.	Azul	Amarela
8ª.	Azul	Branca
9ª.	Branca	Preta
10ª.	Verde	Amarela
11ª.	Preta	Laranja
12ª.	Vermelha	Laranja
13ª.	Laranja	Preta
14ª.	Amarela	Azul
15ª.	Branca	Verde
16ª.	Preta	Vermelha
17ª.	Azul	Laranja
18ª.	Amarela	Verde
19ª.	Azul	Roxa
20ª.	Amarela	Roxa
21ª.	Branca	Vermelha
22ª.	Vermelha	Preta
23ª.	Branca	Laranja
24ª.	Preta	Verde
25ª.	Laranja	Branca
26ª.	Laranja	Azul
27ª.	Amarela	Laranja
28ª.	Vermelha	Laranja
29ª.	Vermelha	Verde
30ª.	Verde	Laranja

3.2 — COMBINAÇÃO DE CORES

A combinação cromática pode ser uma estratégia que possibilita a potencialização de efeitos de sentido de uma determinada peça, produto ou embalagem. O uso de duas ou mais cores pode dar um significado mais amplo, como o vermelho, que geralmente remete à atividade, vivacidade e estímulo, associado ao amarelo, que gera efeitos de sentido de felicidade e jovialidade, implicam juntos em dinamismo e expansão. Esta estratégia é particularmente interessante quando se destina à mesma superfície para ambas as cores, não havendo, assim, predomínio de uma sobre a outra.

A combinação pode se dar por meio da integração de cores com relativa proximidade, como o vermelho e o rosa, ou ainda, quando se quer obter contrastes, com cores altamente distintivas, como o verde e o rosa.

3.3 — FORMAS E CORES

Uma mesma forma com diferentes cores não produz o mesmo sentimento. Uma cor suave e harmoniosa pode compensar as linhas austeras ou rudes de um desenho, por exemplo.

Segundo Giovanetti (1995:114), as cores se correspondem com certas formas geométricas.

> "O triângulo corresponde ao movimento excêntrico do amarelo, com radiações em todas as direções. O vermelho também é movimento, mas concêntrico e corresponde melhor ao quadrado. O verde se identifica com um triângulo de pontas arredondadas, e o roxo com uma elipse".

Figura 3
Correspondência entre cores e formas segundo Giovanetti (1995:115).

não se sabe quem está escrevendo e quem está fazendo a arte, pois você se empolga com a ideia, que é a coisa mais importante (Warren Berger/Advertising Today).

Paulo Roberto Vasconcellos, em sua dissertação de mestrado "O Readymade na Publicidade" (2005), define com propriedade as consequências da filosofia de trabalho estabelecida por Bernbach:

> "O diretor de arte passa a ser mais que um mero montador de layouts, ele passa a pensar na imagem conceitualmente para trabalhar junto com o texto e não para simplesmente ilustrá-lo".

O que é importante percebermos é que, a partir dessa "revolução criativa", o diretor de arte passa a ter uma importância fundamental no processo de criação da peça publicitária. Em consequência, tivemos notadamente a valorização da imagem na comunicação publicitária. E cada vez mais, os profissionais buscavam qualidade e inovação nessas imagens.

E após essa breve apresentação sobre a transformação da direção de arte na comunicação, objetivando um discurso mais específico da cor na comunicação, temos de abordar também os avanços tecnológicos da reprodução nas artes gráficas.

Nos capítulos anteriores fica claro que a cor tem forte apelo aos olhos do homem. Lembrando a frase do professor Farina, nesta mesma obra: "É uma preocupação antiga do homem desejar reproduzir o colorido da natureza em tudo que o rodeia". E o grande desafio nas artes gráficas seria exatamente essa reprodução das cores; no caso da comunicação, uma reprodução em série com qualidade indiscutível.

Como no caso da fotografia, uma tecnologia criada no século XIX, mas que teve sua exploração na comunicação a partir do século XX, a cor teve seu tempo de espera para figurar como grande elemento de atração nas peças de comunicação publicitária.

Vários autores colocam o movimento Art Nouveau como um marco do design. Movimento nascido no final do século XIX na França, teve nos trabalhos de alguns artistas como Toulouse-Lautrec (1864-1901), Jules Chéret, Alphonse Mucha, e outros, um diferencial em relação ao que se chamava "arte" até ali concebida.

Ainda nos anos de 1880 Chéret cria os primeiros cartazes para anunciar espetáculos de circo com desenhos vivazes e cores chamativas. Por sua vez, Lautrec realizou peças memoráveis para locais de baile e espetáculos de variedades em Montmartre e Champs Elysée, como o Moulin Rouge e seus ídolos Jane Avril, La Gouleu e o poeta cantor Aristide Bruant.

Figura 4
Cartaz publicitário do Cabaré Moulin Rogue. Fins do século XIX.

Mucha se torna o artista predileto da famosa atriz francesa Sarah Bernhardt para anunciar suas apresentações teatrais em seus papéis de Medeia, que imortalizou inúmeros e magníficos cartazes litográficos. Apesar da posição social de artistas, estes faziam uma obra indubitavelmente "comercial". E surge o cartaz como forma de comunicação eficiente para, principalmente, promover espetáculos teatrais e musicais.

Em sua obra *Layout: O Design da Página Impressa*, Allen Hurlburt (1980:34) comenta: "A Art Nouveau foi o primeiro movimento artístico direcionado para o design". Na verdade, a Art Nouveau estabeleceu o que alguns teóricos chamaram de "Arte Aplicada". Era um trabalho artístico com forte poder de comunicação, onde as imagens tinham fantástico poder de atração.

E o movimento Art Nouveau só pôde ter essa missão de comunicação em função do desenvolvimento de técnicas de reprodução gráfica, no caso específico, a litografia. A técnica litográfica de impressão permitiu a reprodução em série dos cartazes criados pelos artistas do movimento. Exímios desenhistas dominavam a técnica, que apesar de restringir a obra a cores "chapadas", sem nuances ou meio-tom, tinham um domínio sobre todos os elementos da peça de comunicação, principalmente a cor.

Figura 5
Cartaz publicitário de Toulouse- Lautrec.

A cor é a alma do design e está particularmente arraigada nas emoções humanas. Através do tempo, a cor é aplicada de muitas formas. Em sua função prática, a cor distingue, identifica e designa um determinado status, em sua função simbólica, pode refletir, por exemplo, amor, perigo, paz etc.; e finalmente dentro da função indicial e sinalética é aplicada tanto em sinais informativos, como proibições ou advertências, quanto em muitas outras aplicações. Os desenhistas usam a cor de forma estratégica para criar condições visuais de unidade, diferenciação, sequência etc. Com a cor é possível gerar sentimentos, sugerir ações e criar efeitos. É também assim na criação de identidades visuais, embalagens e outras expressividades que passaremos a analisar a seguir.

5 — A COR NA IDENTIDADE VISUAL

A cor é um importante elemento de identidade, principalmente quando nos referimos à identidade visual. O que denominamos identidade visual normalmente envolve um logotipo e um símbolo, e estes, por sua vez, expressam-se por meio das cores e das formas. Mesmo quando estamos nos referindo à parte verbal da identidade, ou seja, à logotipia, a cor é fundamental porque o texto também é visual.

A identidade visual de uma empresa é a declaração visual do seu papel e missão – um meio de comunicação visual interno, com seus funcionários e acionistas, e externo, com seus fornecedores, clientes, governo, ONGs e sociedade em geral.

Figura 6
Identidade visual da Vinopolis,
em Londres.

Desenvolvida pelo designer Lewis Moberly, a identidade visual da Cidade do Vinho – Vinopolis, na margem sul do Rio Tâmisa em Londres, demonstra a importância da cor na configuração de uma identidade que tinha por objetivo manter-se consistente ao longo de toda a atividade envolvida pelo novo empreendimento turístico (inaugurado em 1998). Deveria atender a uma nova abordagem de apreciar e vender vinho por meio de uma atração turística – por isso deveria ser alegre, moderna e de fácil reconhecimento, e, além disso, servir para identificar os pontos de venda, as embalagens, os rótulos, as sacolas etc.

Podemos chamar de Identidade Visual o conjunto de elementos gráficos que representam uma empresa ou instituição. Um conjunto de signos que, utilizados de forma coerente e sistematicamente planejados em todas as suas manifestações visuais, formalizam a personalidade visual de um nome, ideia, produto ou serviço.

Esses signos, elementos propostos pelo diretor de arte ou designer, constroem a imagem da Identidade Visual e normalmente partem da definição de uma família tipográfica para a construção de um logotipo, passando pela proposta de um símbolo até a definição de cor da identidade.

Para esclarecer nosso raciocínio, temos de lembrar que nem sempre uma Identidade Visual é formada por um símbolo e um logotipo. Em muitos casos, uma programação visual é perfeitamente resolvida apenas com logotipo, que é a parte verbal da identidade. No caso da implantação de um símbolo, chamamos este de "signo de comando" da Identidade Visual.

De todas as possibilidades gráficas para construção de uma Identidade Visual, a cor é um dos itens mais importantes. Basta percebermos que as pessoas podem ter dificuldades em descrever um logotipo ou símbolo de marcas conhecidas, mas terão facilidade em descrever cores.

Na obra *Como Criar Identidades Visuais Para Marcas de Sucesso*, Gilberto Strunck (2001) escreve:

> "A Coca-Cola é vermelha. A Pepsi, azul. A BR é verde e amarela, a Shell é vermelha e amarela, e a Ipiranga azul, e amarela. Estas cores estão intrinsecamente relacionadas às empresas que representam, fazem parte de sua personalidade visual, podendo ser reconhecidas a grandes distâncias, antes mesmo que possamos ler seus símbolos e logotipos".

Gilberto Strunck comenta ainda que nossas associações estabelecidas com as marcas estão relacionadas com o nosso repertório cultural. É comum que marcas usadas internacionalmente sofram adptações para se adequarem aos diversos tipos de escrita.

Figura 7
Identidade visual da Coca-Cola em diferentes culturas.

Todo discurso sobre a importância da cor na Identidade Visual pode ser substituído por essas imagens da Coca-Cola, que mesmo adaptadas a diversas culturas, são facilmente reconhecidas em função do estabelecimento de alguns signos: a "onda", com sua linguagem gráfica característica, mas principalmente pelo tradicional vermelho.

Relembrando o que já foi mencionado até aqui, podemos dizer que a cor é o elemento de código visual, com maior poder de comunicação, de forma autônoma. Ou seja, independentemente do espaço onde é aplicada, das formas que a contenham, a cor, por si só, comunica e informa. Desta forma, a cor passa a ter grande importância no processo criativo de uma Identidade Visual.

Um exemplo claro que justifica essa afirmação é o caso da Identidade Visual da Comgas/Companhia de Gás de São Paulo. Com um reconhecido trabalho, projeto do designer Aloísio Magalhães, em 1972, a Identidade Visual surgiu nas cores azul e preto. No Manual de Identidade Visual,

Figura 8
Identidade visual da Comgás.

no seu texto introdutório, podia ser lido: *"Nas cores adotadas e no seu relacionamento, caracteriza-se através do azul o conceito de energia e a qualidade do gás fornecido, e através do preto o caráter industrial presente na produção e distribuição do gás".*

Há alguns anos, com a inclusão do gás natural nos processos da Comgas, as "cores Comgas" foram alteradas para azul e verde, numa proposta de se adequar a imagem da Identidade aos novos processos Comgas, através da cor.

Essa propriedade de comunicação e expressão da cor, analisada no capítulo "Psicologia da Cor", permite ao diretor de arte/designer utilizá-la como informação na Identidade Visual. Há casos em que a implementação de determinada cor é motivada pela lógica, baseada nos efeitos psicológicos específicos de cada cor; há casos em que o motivo é estético; e, curiosamente, não é raro ser uma solicitação do cliente, por preferências pessoais. Isso é explicado por ser a Identidade Visual a imagem que a empresa ou instituição levará, teoricamente, ao longo de toda a sua existência. O empresário tem uma ligação muito próxima e forte com a Identidade Visual do seu negócio. Aí cabe ao diretor de arte/designer analisar e avaliar a solicitação do cliente, sempre objetivando a boa relação entre a Identidade Visual e o mercado.

Chamamos de "Programação Visual" o planejamento e sistema da aplicação da Identidade Visual em todas as suas manifestações. E ao longo da vida de empresas e instituições, são muitas as necessidades e possibilidades de que suas identidades se manifestem. A papelaria institucional, por exemplo, o papel-carta, envelopes, cartões, são itens obrigatórios na concepção de um negócio.

Alguns desses itens são impressos aos milhares, assim, devemos ter em mente que a incidência de cor na Identidade Visual acarreta custo. A utilização de várias cores em uma programação visual, que chamamos de policromia, pode acarretar não só altos custos de produção, como transtornos e dificuldades na implantação de um sistema da programação visual.

A experiência mostra que utilizar uma ou duas cores, como signo de uma marca, é positivo e suficiente para estabelecer uma identidade visual junto ao mercado.

Em um projeto de programação visual, o diretor de arte ou designer deve pensar na possibilidade da versão monocromática da Identidade Visual, ou seja, sua versão em uma única cor. Normalmente é pensada a versão em preto, com opção de tons de cinza. Isso é importante porque nem sempre é possível a inclusão da cor em alguns casos de aplicação da Identidade Visual. Nos anúncios de jornal, isso é visto com frequência.

Todo esse planejamento de aplicações deve estar inserido no que deve ser chamado "Manual de Identidade Visual". Composto por todos os elementos institucionais e as regras de aplicação da Identidade Visual, se bem observado, irá contribuir para o crescimento da marca ao longo de sua vida no mercado. E a cor é um elemento institucional que sempre merece destaque e atenção em um manual.

Teoricamente, a implantação de uma Identidade Visual está relacionada ao início das atividades de uma empresa ou instituição. E começar de forma correta é fundamental para o sucesso no mercado.

Segundo Morgan (1999:10), erros na identidade podem acontecer, mas não devem: *"Na maior parte das sociedades modernas, expor os sinais errados – ou usar as cores erradas – é um lapso social e não uma situação de vida ou de morte. Mas isso não quer dizer que não estejamos conscientes desses sinais, ou ainda menos que as empresas de produção e serviços ignorem o poder latente de tais sinais"*. A questão é que errar na Identidade Visual pode ser muito ruim porque podemos perder o controle, que já é em essência fugidio, sobre a geração de efeitos de sentido. Podemos estar involuntariamente agregando efeitos indesejáveis, por desconhecer uma determinada realidade cultural, por exemplo.

As Identidades Visuais ao lado revelam a preocupação direta com o público ao qual se destinam – o infantil. Foram construídas com cores e formas inusitadas, alegres e lúdicas. Instauram o jogo, quer na forma de um semitabuleiro onde cor de fundo e cor de fonte se alternam, quer nas cores vibrantes da Discovery Kids ou na forma orgânica da Nickelodeon. Com estratégias intensas, dinâmicas e lúdicas, como as próprias crianças, estas Identidades Visuais têm grande possibilidade de aceitação global e retenção.

Figura 9
Identidade visual de canais infantis de TV a cabo Discovery Kids, Nickelodeon e Cartoon.

6 — A COR NA EMBALAGEM

É certa a grande influência da cor sobre o homem, tanto sob o ponto de vista fisiológico, quanto psicológico e cultural.

Quando no cérebro se produz a sensação da cor, esta se encontra ao nível do inconsciente. A visão que o indivíduo tem da cor parte, portanto, do mencionado nível, acompanhada de todo tipo de reações que eventualmente possam surgir pela sua presença. O homem reage, muitas vezes, impulsionado pelo inconsciente coletivo, e, se procuramos um fundamento no simbolismo coletivo das cores, nos convenceremos de que o azul simboliza a pureza; o verde, a esperança; e assim por diante. Também o homem reage impulsionado por seu consciente individual, ao criar então maneiras personalizadas de responder ao estímulo cor que irão determinar as preferências e idiossincrasias.

A preferência pelas cores, na maior parte das vezes, está ligada ao objeto em que a cor se aplica. Há pessoas que, dentro das diversas faixas de idade e de acordo com sua cultura, sofrem a influência do clima, da moradia e mesmo de sua própria saúde.

Até a classe social a que o indivíduo pertence pode determinar suas preferências. Parece haver uma tendência para as cores vibrantes, como o vermelho, na classe menos favorecida, em contraste com a camada social mais elevada, que se inclina aos tons suaves. As épocas do ano e as influências geográficas são facilmente analisáveis. Já comentamos como diferem dentro do próprio Brasil — país de grande extensão territorial — as inclinações e adesões às cores.

Não é possível, dentro de todas essas variações, estabelecer critérios rígidos para o uso da cor, mesmo porque existem maneiras próprias de sentir suas combinações, que, ligadas estreitamente ao fenômeno espaço-tempo, estão sujeitas a modificações e evoluções.

Pensar em aplicar a cor à embalagem é, portanto, algo que deve vir depois da observação intensa do mercado consumidor e das características do produto, além de outras variáveis, como a concorrência. *"A embalagem tem a mágica função de dar um 'psiu' ao comprador. Além disso, deve fazer com que a compra seja renovada, impulsionando o consumidor a ficar fiel à sua marca"* (Amorim, 1974).

Numa embalagem, a cor é o aspecto que, em primeiro lugar, atinge o olhar do comprador. Portanto, é para ela que devem se dirigir os primeiros cuidados, principalmente se considerarmos as ligações emotivas que envolve e seu grande poder sugestivo e persuasivo, poder este vinculado à possibilidade de desencadear uma rede de associações positivas. Torna-se, portanto, evidente que a presença da cor na embalagem representa um valor indiscutível.

Vejam, por exemplo, o que acontece se substituirmos o "branco", o "preto" e o "azul" de um brinquedo de criança por cores vermelhas ou laranja. Possivelmente, isso resultaria num aumento das vendas quase imediato.

Confirmamos nossa teoria de que a cor e a forma constituem a própria embalagem, além de representarem ingredientes do intrincado processo mercadológico que deve ser objeto de estudos aprofundados envolvendo toda a filosofia operacional da oferta e a psicologia da procura no meio social visado.

Desejando fixar um esquema, a fim de estabelecer o caminho do sucesso de um produto ou de um serviço oferecido, notaremos que vários fatores se inter-relacionam para determinar de forma positiva o processo da procura e da oferta:

a) o despertar da atenção por meio da embalagem colorida;
b) a continuidade da atenção do consumidor sobre a embalagem; e
c) o efeito e a decisão do consumidor por meio da influência que a embalagem exerce.

Nota: acredita-se que muitos produtos, não desejados em princípio, são adquiridos exclusivamente pela beleza das cores e pela utilidade da embalagem.

Esses três requisitos primordiais, dos quais a cor constitui o elemento catártico, formando um todo independente do produto em si, fazem parte de uma primeira aproximação à venda. Vejamos, agora, como o produto está condicionado ao relacionamento perfeito de vários elementos:

a) a imagem da marca;
b) a imagem da indústria produtora;
c) a qualidade do produto ou serviço;
d) a utilidade do produto ou serviço;
e) o preço;
f) a presença do produto através de uma distribuição eficiente.

Vejamos também como se procede a ligação oferta-procura para determinar a eficiência da atividade comercial, por um lado, e o processo de comunicação, que estabelece, por outro lado, o fator união entre produto e indivíduo numa sociedade de consumo:

a) a situação econômica;
b) os esforços da concorrência;
c) a publicidade;
d) a promoção de vendas;
e) outros esforços englobados pelo *merchandising*;
f) as técnicas de relações-públicas;
g) outras.

Nota: a Publicidade e a promoção de vendas se valem, acima de tudo, do chamado "atencional", em que a cor ocupa um lugar de grande destaque no esforço de aproximar os consumidores.

O impulso que ocasiona um determinado comportamento é um dos objetivos de estudo mais visados na área mercadológica.

Na realidade, tem-se constatado que as compras que obedecem a um impulso são mais frequentes que as pré-calculadas. Quando um consumidor entra num supermercado com a finalidade de efetuar uma determinada compra ou compras necessárias para vários dias, acaba adquirindo mercadorias não previstas. Pesquisas realizadas nos pontos-de-venda em supermercados demonstram que um consumidor compra duas vezes mais que o previsto. Calculando que o consumidor compre mais um produto necessário, devido à inesperada presença de uma promoção, é possível que um terceiro artigo seja adquirido por um impulso indeterminado em que, na maioria das vezes, a cor por meio da embalagem tem sua grande responsabilidade. Em todo esse processo de compra, o indivíduo se detém no supermercado, em média, 30 minutos. E a força que o impele à compra provém, em última análise, da capacidade persuasiva que a embalagem possui.

A percepção da embalagem é uma força excitante que pode impelir o consumidor à aquisição do produto embalado. Há todo um complexo processo que começa no indivíduo a partir do momento em que é excitado e termina no ato de adquirir o objeto visualizado. Nesse processo, na maior parte das vezes, a razão não intervém, embora o indivíduo esteja sempre pronto a racionalizar operacionalmente o seu comportamento. Além do mais, não se pode esquecer do trabalho prévio executado pela Publicidade, que prepara o subconsciente do consumidor ao sitiar as possíveis interdições e realçar a qualidade do produto, motivando sua escolha.

6.1 — FUNÇÕES DA COR NA EMBALAGEM

Entrando no mérito das funções da cor na embalagem, notamos, primeiramente, que cabe à cor, como dissemos antes, chamar a atenção do público consumidor. A aplicação de cores em detalhes que compõem a embalagem deve constituir a continuidade do chamado da atenção, isto é, da primeira cor ou combinação de cores que despertou interesse. Os detalhes aos quais nos referimos devem permitir, por meio de certas cores, uma evocação a apelos emocionais e a uma comunicação imediata do produto contido. Isso facilitaria a memorização da marca e do produto. A unidade total de todos os pormenores que compõem a embalagem deveria inspirar confiança no consumidor e permitir a este fazer suas associações de ideias, de pensamentos, que podem conduzir a uma probabilidade de aquisição.

Não há dúvida de que a colocação da embalagem numa vitrine, display ou nas prateleiras de um supermercado tem sua importante função, como também são interessantes os detalhes gráficos da própria embalagem que, ao mostrar clareza e legibilidade nas inscrições, permitirão maior aproximação do consumidor.

Relembrando o que dissemos sobre o chamado da atenção voluntária, seria aconselhável aos técnicos incumbidos da criação e da realização de uma embalagem o estudo desse *chamado da atenção*. A utilização correta das técnicas mencionadas nesta parte levará à viabilidade dos planos de mercado estabelecidos por seus anunciantes.

O poder de atração e o fascínio que a cor exerce atuam diretamente na sensibilidade humana, atingem a parte motivacional, levam o indivíduo a reagir, e este realiza um desejo despertado improvisadamente por meio da aquisição.

Em geral, a cor que mais atrai é o laranja; a esta se segue o vermelho, conforme apresentamos anteriormente. Aplicadas à embalagem, essas cores resultam em um bom chamado de atenção para diferentes tipos de produtos, especialmente para gêneros alimentícios. O azul e o verde são também usados para recipientes de diferentes tipos de produtos, com algumas exceções em alimentos. O verde é geralmente usado para recipientes que contenham óleos, legumes e semelhantes, a fim de sugerir maior aproximação à natureza desses produtos. O amarelo, o preto, o branco e o cinza, quando reproduzidos numa embalagem, são considerados bastante fracos para um chamado da atenção – a menos que figurem em combinação com outras cores, permitindo, assim, originais contrastes cromáticos.

Na atualidade, a embalagem deixou de ser apenas o invólucro protetor do produto, isolando-o de contatos impuros e da própria ação da atmosfera. Não é, também, apenas o elemento que facilita a sua distribuição. A todas essas funções foram acrescidas outras que têm exigido atenção e cuidados por parte de técnicos que se preocupam com a organização dos elementos que a irão constituir.

A identificação do produto no mercado não é feita somente por meio de marcas. A embalagem é, também, um fator discriminatório por sua forma, cor e texto. Além de ser um veículo publicitário direto e atuante, ela pode sugerir o nível de qualidade de seu conteúdo.

A cor na embalagem, portanto, age sobre a mente, atua sobre a sensibilidade e está ligada diretamente às funções ópticas, fisiológicas e neurológicas. A classificação das sensações luminosas é feita pelo cérebro. É ele que identifica as cores primárias de onde derivam todas as outras tonalidades.

É inegável que as cores básicas são as que possuem mais força, e nisso não está envolvido o julgamento estético. Mesmo que determinadas pessoas afirmem gostar mais de certos tons, ninguém ignora que a força emotiva das cores básicas age como um estímulo fisiológico violento que tem, inclusive, o poder de alterar a respiração e muitas vezes modificar a pressão arterial.

As cores suaves ocasionam fenômenos opostos. Por tudo isso, os técnicos que planejam as embalagens não costumam levar em conta os gostos pessoais, mas sim esses efeitos psicológicos, culturais e fisiológicos de reação à cor que são tão próprios ao ser humano, independentemente muitas vezes de seu nível socioeconômico.

Em resumo, as qualidades básicas que a cor pode oferecer à embalagem são: visibilidade, impacto e atração.

Visibilidade – tornar visível, chamar atenção, reconhecer, diferenciar

Impacto – presença, força, vigor

Atração – capacidade de seduzir, querer trazer para perto (comprar...)

6.2 — A COR NA NATUREZA, NAS CARACTERÍSTICAS DO PRODUTO E NA EMBALAGEM

Nem sempre uma cor resulta adequada para diferentes objetos ou embalagens. Dependendo de sua natureza, utilizaremos a cor em função do objeto em si, de seu tamanho, de seu produto ou serviço etc. e, ainda, consideraremos o fator preferencial dos consumidores. Uma pesquisa sobre preferência de cor em aparelhos de telefones residenciais, por exemplo, realizada nos anos 1980 em São Paulo, mostrou as seguintes diferentes opções de cores de aparelhos, pela ordem de preferência: vermelho, marfim, bege, azul, verde, amarelo, creme. Para esta última cor, a porcentagem preferencial foi quase nula, considerando-se que as respostas positivas somaram 2.129 pessoas sobre 96.800 assinantes consultados. Certamente, se realizada hoje, a pesquisa traria outras cores como preferenciais e inequivocamente o vermelho não seria uma delas.

Na área dos eletrodomésticos, verifica-se uma situação diferenciada no sentido preferencial da cor, pois esta é escolhida em função de outra cor existente ou predominante no ambiente, a fim de manter os mesmos tons para efeito de harmonia. Nesse caso, as estatísticas sobre preferência variam, de ano para ano, em função de situações de mercado, de imposições da moda etc. O que se observa em termos de novos modelos de refrigeradores, *freezers*, lavadoras de roupas e fogão é o predomínio da cor branca, com design arredondado e dinâmico. Nos últimos anos verifica-se ainda um aumento da utilização da cor prata em *displays, dispensers,* painéis, alças de abertura e tampas, funcionando como signo de sofisticação modernizada e um certo arrojo.

6.3 — COR COMO IDENTIDADE DO PRODUTO

Uma das funções da cor no Marketing é atrair a atenção e captar o interesse do comprador. A identificação por meio da cor é usada para marcar e identificar matérias-primas na indústria, por exemplo. Nas mercadorias e bens embalados, é possível determinar que cores correspondem às categorias específicas de produto. Os atomatados têm embalagens vermelhas, assim como as ervilhas têm embalagens verdes e o milho enlatado tem a cor amarela.

A cor pode ser a principal identidade de um produto ou empresa. Exemplo disso é a IBM, também conhecida como Big Blue – grande azul. Recebeu esta denominação por conta da cor azul das embalagens dos sistemas informáticos que eram, nos anos 1950 e 1960, do tamanho de uma sala.

A expressão informativa das cores pode ser ainda facilitada pela forma e a dimensão da embalagem. Um indivíduo não espera encon-

Figura 10
Lavadora de roupas Electrolux. Painel na cor prata: signo de sofisticação atualizada.

trar um detergente em uma embalagem de 5 cm de altura, mesmo que a cor seja transparente para o detergente neutro ou verde para o detergente com limão.

Há três categorias de considerações que se inter-relacionam e influenciam na seleção da cor para uma embalagem, são elas: identidade, imagem e os requisitos de venda. Há também as limitações que podem interferir na escolha da identidade cromática da embalagem.

A identidade: é a natureza, aparência e propriedades físicas do produto. A cor informa o tipo de produto de que se trata. Por exemplo: nos parece estranho que uma determinada marca de café solúvel opte por ter uma embalagem cor-de-rosa ou ainda que uma marca de chocolate ao leite seja embalada na cor verde-limão.

A imagem: é a ideia, a concepção que o consumidor tem do produto. Com a cor se sugerem diversas características ou qualidades do produto, o que auxilia na formação da imagem. Produtos sofisticados, ou que tenham esta imagem, devem contar com cores que reforcem o efeito de sentido de sofisticação dentro da sua categoria. Ao contrário, produtos populares devem ter cores mais festivas, como sugere a marca Pop Odd no exemplo a seguir.

Os requisitos de venda: os requisitos são, principalmente, visibilidade, legibilidade e unidade de grafismo. Todos eles com o objetivo de facilitar a venda e a localização do produto assim como assegurar o grau de identificação. A atenção ativa se produz quando conscientemente vemos um determinado objeto e nos interessamos por ele. A cor serve para atrair o olhar do comprador e indicar a posição da embalagem, fazê-la facilmente reconhecível e dar informação relativa ao conteúdo. O poder de atração não depende somente da cor e da luminosidade, mas também dos efeitos psicológicos que produzem as cores, como vimos anteriormente.

Figura 11
Sabão em pó para lavar roupas da marca Pop Odd. Festividade e popularidade nas cores e nos ícones: flores amarelas simplificadas e bolhas de sabão.

As limitações dizem respeito a barreiras que podem surgir em função da dificuldade de aplicação cromática em materiais como couro, tecido, aço e outros. A questão é que caso não seja possível manter a cor perde-se identidade, o que pode ser muito complicado estrategicamente.

É de fundamental importância relacionar a cor da embalagem com o produto, independentemente de suas qualidades intrínsecas.

Por exemplo: se as cores amarela e preta estão na embalagem de um inseticida, o objetivo principal será assinalar perigo. Isso implica no abuso das cores berrantes para as embalagens desse tipo de produto. O preto e o amarelo aliam a ideia de ação enérgica e efeito nocivo e, quando aliados ao vermelho, cor essencialmente indicada como um índice de alarme, são tons bastante adequados ao caso.

Há cigarros que usam tons ocres e dourados, o que lhes confere um aspecto de refinada elegância. Visam normalmente a tingir a uma determinada classe social. Outros preferem usar cores mais vivas e obviamente procuram atingir um público mais esportivo ou ainda popular.

6.4 — A EMBALAGEM COMO ELEMENTO MOTIVADOR DA COMPRA DO PRODUTO

Em meados dos anos 1970, o professor Farina realizou com seus alunos da ECA-USP uma pequena pesquisa de opinião sobre a embalagem como elemento motivador na compra de um produto. Estudou-se, entre outros aspectos de interesse, a importância da cor na embalagem de latas de óleo comestível.

A amostra foi constituída por 14 marcas de latas de óleo, escolhidas entre as mais vendidas. Cada aluno entrevistou 20 pessoas nos supermercados, entre donas de casa, em geral, num total de 600 pessoas.

As cores predominantes nas latas foram:

verde, 5;   amarelo, 1;   alaranjado, 1;
sulferino, 1;   dourado, 1;   branco, 3;   amarelo, 6.

Quanto às cores das latas, não houve na amostra uma grande variedade, predominando o verde e o amarelo. Sendo que, no colorido delas, não foi encontrada uma proporção que pudesse ser determinada. Existia uma tentativa de mostrar um contraste ao mesmo tempo marcante e discreto.

Comparando a análise da amostra com a pesquisa de opinião, pode ser formulada uma possível apresentação de uma *embalagem ideal* para latas de óleo, reunindo numa delas as tendências do mercado e as exigências do gosto popular. A embalagem faz parte da construção da imagem que o consumidor tem da marca.

A seguir, algumas conclusões daquela pesquisa:

Tendências

Análise da amostra	**Gosto popular**
Tamanho: 900 ml	*Tamanho: 900 ml*
Contraste discreto	*Uma cor predominante*

Elementos figurativos	**Elementos figurativos**
Logotipo na lateral	*Não é necessário que o logotipo esteja na parte frontal da lata para ser conhecido*
Destaque para o elemento saúde na propaganda	*Ênfase no elemento saúde como fator motivador da compra do óleo*

Preferência pelas cores:	**Preferência pelas cores:**
verde, amarelo, branco e vermelho	*verde (principalmente), vermelho, azul, "branco" e amarelo.*
Nome em destaque	*Nome em destaque*

Se avançarmos no tempo e chegarmos à atualidade, percebemos que muita coisa mudou. De início, já não são tão comuns as latas de óleo. O que se tem no mercado são prioritariamente embalagens plásticas transparentes que acondicionam os óleos comestíveis, que também ampliaram sua variedade no que se refere ao ingrediente básico: de soja, de milho, de canola, de girassol etc. As embalagens plásticas são particularmente mais interessantes porque não amassam, são mais higiênicas e também porque permitem visualizar o produto dentro: a viscosidade e a coloração do óleo, fatores importantes na decisão de compra. Com isto, a pesquisa realizada nos anos 1970 serve de referencial histórico de uma categoria de produtos que sofreu grandes transformações tanto intrínsecas quanto na sua embalagem, mas que, de qualquer forma, continua tendo na embalagem um elemento motivador da compra.

6.5 — PREFERÊNCIA DO CONSUMIDOR, COR E EMBALAGEM

Existem certos requisitos básicos para que a cor da embalagem funcione como um fator para atrair a atenção do consumidor, levando-o à compra. É necessário que ela esteja adequada às condições mercadológicas, ao produto anunciado e ao público. No mercado, há a necessidade de se pesquisarem as tendências. Ao público interessam diversas variáveis como educação, nível econômico, meio ambiente, capacidade de contatos com outros meios, adaptabilidade, idade e outros elementos. A cor, portanto, por meio da embalagem, deverá identificar rapidamente o produto, refletir a sua essência e a sua finalidade. A água mineral, por exemplo, adapta-se muito bem num recipiente predominantemente azul transparente. Essa cor reflete a pureza que a água deve possuir. A embalagem fica com um aspecto tão suave pela sua transparência azulada que desperta a vontade de beber.

Há produtos cujas embalagens se expressam bem por meio da cor vermelha. Seria a cor indicada para um alimento, por exemplo. Os produtos de luxo, que requerem um estímulo relacionado à elegância, à riqueza, à aristocracia, à distinção, podem expressar-se adequadamente num ambiente romântico, misterioso ou tradicional e criar um clima de fascinação por sugerir algo situado fora do espaço e do tempo. As cores adequadas a essa finalidade serão sempre suaves, visando a uma sugestão e não a uma imposição visual. Às vezes, o publicitário e o designer utilizam o monocromatismo como estratégia de distinguir por meio da dosagem tonal.

Mas, mesmo nesse setor, é preciso distinguir o público consumidor de um determinado produto, assim como o nível do produto, adequando a propaganda a esses e a outros fatores. O clima de irrealidade e sonho é fator positivo em qualquer tipo de público, mas a sensibilidade de gosto, principalmente quanto à cor, é diversificada. As camadas sociais mais altas tendem ao gosto mais sofisticado, inclinam-se às coisas raras, especialmente quando envolvidas em tonalidades estranhas. O gosto do povo é mais simples, tendendo a uma estabilidade maior e a uma resistência mais definida às inovações muito rápidas. Ao preparar uma embalagem de sabonete, por exemplo, o técnico deve estar atento a todas essas variáveis.

A embalagem de produtos alimentícios está situada num plano diametralmente oposto. A finalidade máxima visada nesse caso deve ser estimular o paladar, e a cor, nesse caso, deverá ser usada com esse objetivo expresso. A sugestão do conteúdo fará o consumidor se lembrar do momento psicológico exato da compra. Nesse sentido, nada possui força evocativa maior do que a cor. Assim, o princípio geral é de que a própria cor do produto será, obviamente, a mais indicada como elemento sugestivo. Se o técnico conseguir que a embalagem desperte no comprador a vontade de manuseá-la, o elemento tátil, aliado à lembrança do produto, pode ser sugestivo até com sua fragrância, como acontece, de forma marcante, com embalagens de café.

Dessa forma, podemos afirmar que a cor que mais bem se adapta aos produtos alimentícios é a que lhe confere um caráter excitante, estimulante. Isso marcará o produto, tornando-o facilmente distinguível entre outros da mesma espécie e predispondo o comprador em potencial a adquiri-lo na hora da compra.

Convém nunca se esquecer de que o comportamento tem suas raízes no subconsciente e, no momento exato, o homem age muito mais em função dos resíduos aí depositados do que impulsionado por decisões simplesmente racionais.

Figura 12
Embalagem de sabonete Vinólia Radiance - Unilever.

Figura 13
Embalagem de Nescafé, da Nestlé. A xícara vermelha sobre grãos de café torrado e a sugestão da fumaça (quente) incitam a vontade de tomar a bebida.

Uma indústria que fabrique diferentes produtos alimentícios pode identificá-los por meio de um esquema de cor que mantenha uma unidade entre as várias embalagens. Isso pode ajudar a relacionar o produto à marca e, no caso de marcas de grande aceitação no comércio, é fator que pode impulsionar o comprador a uma decisão favorável. Podemos citar, por exemplo, a embalagem de uma conhecida massa alimentícia: sua marca, simbolizada pelas cores da bandeira italiana, isto é, vermelho, branco e verde, em todas as embalagens, constitui um fator extraordinário de recordação, que, por sua exata colocação, a destaca entre as concorrentes.

Outra questão interessante diz respeito aos produtos *diet* e *light*. Convencionou-se que a cor azul era índice de baixas calorias, baixos teores de açúcar ou mesmo da ausência dele. Podemos listar uma grande quantidade de produtos que na sua "versão light" utilizam a cor azul: margarinas, iogurtes, leites, molhos etc. Trata-se, portanto, de uma convenção.

Existem produtos que têm uma íntima relação com a moda. Eles exigem uma renovação mais constante no esquema de cores utilizadas para que não se quebre a conexão existente com o gosto do momento. Evidentemente, as roupas, calçados e acessórios em geral refletem esta constante renovação.

As crianças têm predileção, facilmente verificável, pelas cores chamadas "puras", por serem mais "chapadas" e vibrantes. Mas, para os bebês, os médicos recomendam o tom pastel. Em nossa cultura não é tom incomum usar "bebê" para qualificar um determinado tom claro de azul ou rosa. Em consequência, as embalagens dos produtos que se destinam a essas duas fases da vida devem se ajustar, também, a essas suas necessidades psicológicas.

6.6 — EMBALAGEM E FUNÇÃO DE IMPACTO

Como dissemos anteriormente, os consumidores são "bombardeados" de mensagens e estímulos visuais, por isso devemos trabalhar para que o design da embalagem esteja entre os que o comprador leve consigo para casa ou ainda que na próxima compra ele regresse ao autosserviço e retorne a comprá-lo.

O impacto da cor não é necessariamente sinônimo de visibilidade. Já foi demonstrado, com experimentos específicos, que a atenção captada por uma cor não é exclusiva de sua luminosidade, mas também dos efeitos psicológicos e culturais que esta produz.

Segundo Favre e November (1979:25), as cores mais visíveis de acordo com os dados de testes aplicados mostrando uma superfície de várias cores por frações de segundo a um grupo de pessoas e medidas por um taquistoscópio, são:

Figura 14
Embalagem de Sustagen Kids. Produto destinado às crianças – faz uso das cores "chapadas" na tipografia de "kids": rosa, azul, laranja e verde, sem tonalidades.

Figura 15
Embalagens da margarina Qualy cremosa e Qualy light, da Sadia.

COR	PERCEPÇÃO	COR	PERCEPÇÃO
Laranja	21,4%	Verde	12,6%
Vermelho	8,6%	Amarelo	12,0%
Azul	17,0%	Violeta	5,5%
Negro	13,4%	Cinza	0,7%

O uso de cores brilhantes é uma estratégia interessante para chamar a atenção do comprador, porém deve-se ter em conta também a dimensão cultural do uso da cor e do brilho. O brilho na embalagem pode ser obtido pelo processo de metalização. Há ainda outras possibilidades de utilização estratégica da cor para causar impacto. Essas outras possibilidades são o contraste de cores, cor e forma, efeitos ópticos, acumulação de efeitos (colocando as embalagens de tal forma que lado a lado produzam um determinado efeito visual).

Existem muitas ilusões ópticas e efeitos que podemos conseguir por meio do uso das cores. Realçar uma embalagem ou dar-lhe aparência de maior volume ou de leveza, são alguns exemplos do que se pode obter com o uso das cores. Na figura 18 podemos perceber que o detergente líquido para lavagens de roupa é da cor verde e que se utilizou da transparência para reforçar a visibilidade. Além disso, com

Figura 16
Embalagem do sabão em pó Omo na Tailândia. Brilho como signo de alta tecnologia e sofisticação moderna.

Figura 17
Embalagens do sabão em pó Omo, da multinacional Unilever, e Ariel, da Procter & Gamble, na China. O brilho na China é particularmente relevante porque remete à seda, produto emblemático da cultura local. É possível, com o uso do brilho, agregar efeitos emocionais.

a introdução da tampa verde na tonalidade mais escura, intensifica-se o efeito de "concentração", ou seja, caso o consumidor utilize a tampa como dosador, o que é bastante provável tendo em conta a cultura da lavagem de roupa na França, ele terá a impressão de que o detergente líquido é ainda mais concentrado do que realmente é.

Outra questão importante é analisar a cor lado a lado com outra, principalmente quando se analisa a exposição nas prateleiras do ponto de venda. Em uma ilustração de mais de uma cor, cada uma delas está sob a influência de seus vizinhos: é o que chamamos **contraste simultâneo**, que pode ser explicado técnica e fisiologicamente por interações que ocorrem na retina. As células fotossensíveis da retina não funcionam sozinhas, mas em grupos paralelos que formam unidades receptivas com associações de células. Estes grupos produzem uma intensificação no contraste e uma distorção dos valores entre as regiões contíguas e o campo de visão. Podemos estabelecer as seguintes regras gerais para analisar duas cores postas lado a lado: as duas cores se enfatizam; se forem colocadas juntas uma cor complementar da outra, refletirão a luz e, se forem misturados os pigmentos, se produzirá a cor cinza.

Na imagem abaixo da prateleira de amaciantes para roupas do supermercado Carrefour em São Paulo, apresenta-se uma interessante relação: as embalagens da cor amarela ficam mais intensas e, portanto, mais visíveis em função de a cor da prateleira também ser amarela. A cor da prateleira funciona como reforço da presença visual cromática da embalagem amarela, beneficiando-a. Neste exemplo, a função impacto é emblematicamente vivida.

Figura 18
Embalagem do detergente líquido para lavar roupas Le Chat (o gato) do tipo gel concentrado, na França.

Figura 19 Prateleira de amaciantes no supermercado Carrefour em São Paulo, março, 2006. Foto Bruno Pompeu Marques Filho.

Figura 20
Comparativo entre dois
retângulos azuis.

Outra possibilidade de causar impacto é a utilização de cores complementares. A cor complementar de outra é aquela que está diretamente oposta a ela no círculo cromático. Uma cor que se coloca como fundo de outra muda o valor complementar dessa cor de fundo. Uma cor será mais clara se for colocada junto a outra mais escura. É possível administrar a utilização das cores complementares potencializando seus efeitos e impacto.

Para qualquer cor, o grau de brilho determina o tamanho aparente. Um retângulo azul-claro se vê maior que um azul-escuro do mesmo tamanho. Uma superfície clara sobre um fundo escuro se vê maior que uma superfície escura do mesmo tamanho sobre um fundo claro.

Uma embalagem dividida horizontalmente por listras de cores se observa maior e mais compacta do que quando se colocam listras verticais, assim ela será mais alta e longilínea. A divisão de uma superfície em diferentes cores faz com que uma embalagem se veja aparentemente menor. Se os lados de uma embalagem estão em diferentes cores, o caráter tridimensional se enfatiza. Estes efeitos podem ser manipulados estrategicamente para funcionar em consonância aos objetivos organizacionais para aquele produto ou marca.

As cores de uma embalagem em geral, no Ocidente, são observadas da direita para a esquerda e de cima para baixo – repete o aprendizado da escrita e da leitura. O olhar pode ser atraído por certas cores da embalagem, porém o olhar se dá no conjunto das cores e também no entorno em função do que anteriormente denominamos contraste simultâneo.

Figura 21
Café União: predomínio das
cores marrom e vermelho. Café Santa Clara (Rio Grande do
Norte): predomínio das cores
amarela e laranja, além dos
sinais religiosos.

Sinais
religiosos

Desejando complementar com mais informações o item referente ao significado psicológico e cultural das cores, a fim de estabelecer e fixar o gosto do consumidor e suas tendências em relação às cores aplicadas nas embalagens de alguns produtos, diremos, apesar de sua relatividade, que existem as seguintes associações mais comuns:

- **café:** marrom-escuro, vermelho, laranja e amarelo, toques em verde;
- **chocolate:** marrom-claro ou vermelho-alaranjado;
- **gorduras vegetais:** verde-claro e amarelo não muito forte;
- **carnes enlatadas:** cor do produto em fundo vermelho, às vezes com um toque de verde;
- **leite em pó**: azul e vermelho, branco, amarelo e verde com toque de vermelho;
- **frutas e compotas em geral:** cor do produto em fundo vermelho, com toque de amarelo, às vezes;
- **doces em geral:** vermelho-alaranjado;
- **açúcar:** branco, com toques de verde, azul e vermelho, letras vermelhas e pretas;
- **massas alimentícias:** produto em transparência com uso de celofane, embalagem vermelha, branca, amarelo-ouro e, às vezes, com toques de azul;
- **chá e mate:** vermelho, branco, marrom;
- **queijos:** azul-claro, vermelho e branco, amarelo-claro;
- **sorvetes:** laranja, azul-claro, amarelo-ouro, creme;
- **óleos e azeites:** verde, vermelho e dourado (amarelo);
- **iogurte:** branco, vermelho e azul;
- **cerveja:** amarelo-ouro, vermelho e branco;
- **detergentes:** transparente, branco, amarelo, azul;
- **inseticidas:** amarelo e preto, verde-escuro;
- **desinfetantes:** verde, azul, amarelo;
- **desodorantes:** branco, verde, azul com toques de vermelho ou roxo;
- **sais de banho:** verde-claro, branco;
- **bronzeadores:** laranja, vermelho-magenta;
- **creme dental:** azul e branco, verde com branco e toques de vermelho;
- **cosméticos:** branco, amarelo-ouro, rosa e azul-pastel;
- **perfumes:** amarelo-ouro, prateado, lilás;
- **produtos para bebês:** azul e rosa em tons suaves;
- **remédios em geral:** azul-claro, marrom, branco e vermelho, dependendo do tipo medicinal, estimulante ou repousante;
- **lâminas de barbear:** azul-claro ou forte, prata;
- **cigarros:** depende muito do tipo de público; branco e vermelho, branco e azul com toque de amarelo-ouro, branco e verde, branco e ouro, azul e prata.

Figura 22
Embalagem de leite em pó Molico, da Nestlé.

Figura 23
Embalagens de sorvetes Kibon: Chicabon e Carte D´Or.

Figura 24
Natura, linha Perfumes do Brasil. Revista Vitrine 2005

menos acentuado do que outros em cores fortes. Por exemplo, um doce de goiaba cuja embalagem seja de um vermelho esmaecido não pode sugerir o agressivo sabor da goiaba.

7 — A COR NA MÍDIA IMPRESSA

Após falarmos da cor na Identidade Visual e na Embalagem, podemos entrar no campo da Comunicação Mercadológica propriamente dita. Aqui, abordaremos a cor como importante elemento do Código Visual Gráfico em anúncios, cartazes e outdoors. Vamos nos concentrar, neste momento, na mídia impressa.

Nas primeiras considerações na abertura deste capítulo, desenvolvemos um raciocínio sobre a evolução da Direção de Arte dentro do processo publicitário. Como consequência ou paralelamente, mostramos a procura da qualidade da imagem pelos profissionais da área com o grande motivador de suas buscas cotidianas.

Como conclusão desse raciocínio e introdução da análise da cor nas peças impressas, podemos colocar que todas essas ações, ao longo de tantos anos de comunicação, fizeram evoluir o "olhar do mercado", ou seja, os profissionais que representam o lado do cliente também aprimoraram suas percepções e, consequentemente, seu conceito de qualidade.

Se em algumas décadas do século passado, uma ilustração hiper-realista, executada durante dias, em aerografia, causava extraordinário impacto no mercado, hoje o mercado tem à sua volta uma quantidade imensa de imagens fantásticas, expostas em todas as mídias.

Seria incorreto dizermos que a evolução da comunicação propiciou ao mercado a possibilidade de analisar tecnicamente uma peça de comunicação. Mas podemos dizer que a evolução das técnicas de produção e reprodução em mídia impressa tornou o mercado "visualmente" mais exigente.

E como já apresentado anteriormente, as imagens tomaram conta da comunicação. Se observarmos as peças expostas, vencedoras ou não, nos festivais nacionais e internacionais de Publicidade, veremos uma tendência de pura comunicação visual.

Na obra *Sintaxe da Linguagem Visual*, a professora Donis Dondis (1997) comenta que em textos impressos, a palavra é o elemento principal, enquanto os fatores visuais como o cenário físico, o formato, as cores e a ilustração são secundários ou necessários apenas como apoio. Nos modernos meios de comunicação acontece exatamente o contrário. O visual predomina, o verbal tem função de acréscimo.

Hoje, na busca da qualidade da imagem na comunicação mercadológica, não basta contratar um ótimo fotógrafo para a produção de imagens de uma campanha publicitária. É cada vez maior no mercado a quantidade de estúdios especializados no tratamento da imagem. E uma das grandes preocupações dos profissionais envolvidos é com a cor. Normalmente, é em função de aspectos cromáticos da imagem que esses estúdios são acionados.

Estúdios como o Eclipse Digital, de Cláudio Ishii, que é especializado no tratamento de imagens, é um bom exemplo. O Eclipse Digital tem elaborado imagens veiculadas em diversas mídias, algumas muito conhecidas e valorizadas pelo mercado.

Quando observamos alguns desses trabalhos, podemos concluir que a evolução tecnológica das ferramentas de comunicação suscita um maior grau de criatividade e desafios na concepção das imagens na comunicação.

Por isso, só o trabalho de excelência de um fotógrafo torna-se pouco para a realização das "fantasias criativas" dos diretores de arte.

Um caso interessante de ser analisado é o "Moto à Porter", da Motorola. Um produto com apelo feminino, na cor rosa, que foi apresentado na São Paulo Fashion Week 2006, principal evento de moda do país, do qual a Motorola foi patrocinadora. Painéis gigantes promovendo o produto passavam o conceito: *"Motorola veste você"*. Neste exemplo, além da questão cromática em si, surge o forte apelo afetivo e de objeto de fetiche que é o aparelho celular.

Com trabalho criativo da Agência Ogilvy e foto de Luis Crispino, o Estúdio Eclipse Digital finalizou a imagem, dando legitimidade ao conceito criado pela agência. Num trabalho de equipe, um resultado excelente, onde efeitos de luz e sombra valorizaram uma imagem baseada em uma cor de aplicação delicada, o rosa, diferencial do produto.

Com o conhecimento dos efeitos da cor no processo persuasivo da mensagem e das possibilidades tecnológicas no tratamento das imagens, o diretor de arte tem a possibilidade de criar imagens que emocionam e que criam uma relação de empatia do consumidor com a marca/produto.

Em outro exemplo de tratamento de imagem, com foco na cor, do Estúdio Eclipse Digital para um catálogo da Firestone em 2003, o bom trabalho do fotógrafo Richard Kohout recebeu um tratamento cuidadoso para a valorização da imagem. O "clima azul" era previsto no layout da Agência Duezt. O layout recebido pelo fotógrafo, passado para o estúdio e aprovado previamente pelo cliente, demonstra a intenção do diretor de arte em relação à imagem pretendida e é fundamental no processo para se chegar a um bom resultado e à potencialização dos efeitos de sentido.

E para a felicidade dos estúdios de tratamento de imagem, os diretores de arte não param de criar imagens inusitadas. Na figura 30, o

Foto original

1.º tratamento

Imagem final

Figura 28
Campanha de lançamento de "Moto à Porter", da Motorola, 2006.

Foto original

Foto original

Imagem final

Figura 29
Campanha para Firestone, 2003.

diretor de criação Daniel Venticinque, da Agência G11, criou um pôster para seu cliente AlphaSports, onde a imagem surpreende pelo aspecto "metálico monocromático". Tendo como origem mais uma foto de Richard Kohout, o Estúdio Eclipse Digital materializou as "fantasias imagéticas" do diretor de arte. A cor laranja no texto, como sutil detalhe na etiqueta central, valoriza e potencializa a mensagem. Ótimo resultado, ótimo apelo visual.

Figura 30
Pôster para AlphaSports, 2005.

Foto original

Imagem final

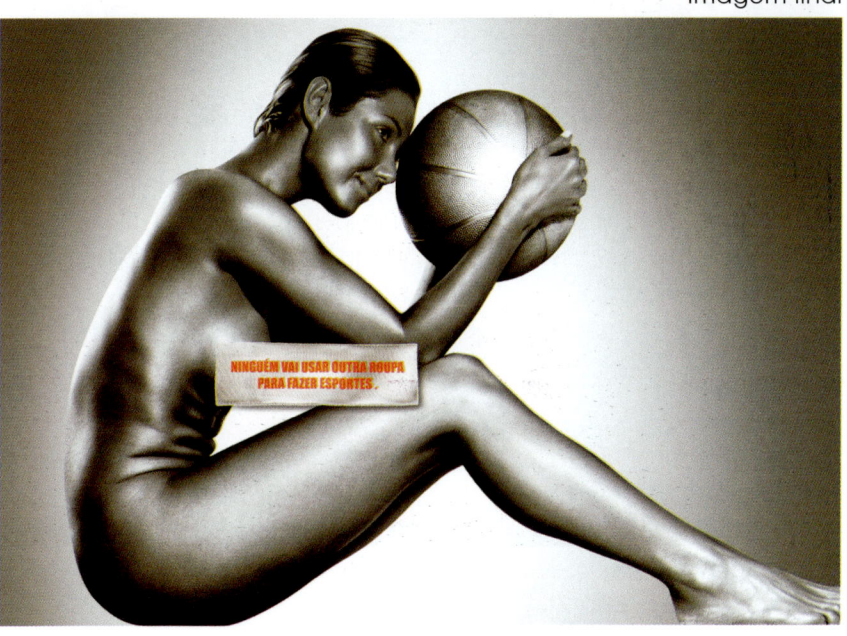

Enfim, com grande experiência no trabalho de tratamento de imagens, Cláudio Ishii tem a missão de construir as "viagens criativas" dos diretores de arte, onde a cor sempre recebe uma solicitação especial. E ele comenta:

"Hoje em dia as possibilidades de se lidar com a cor, no computador, são tão grandes, que parece que antes disso o mundo era em branco e preto."

É inegável que o anúncio publicitário realizado nos contrastes de branco e preto tem um atrativo muito grande. Pode ser um contraste agradável à vista e com um inquestionável poder de impacto. Mas nem por isso deixamos de constatar que as combinações de cores possuem um poder de sugestão muito grande, atuando diretamente na percepção sensorial do indivíduo, principalmente se a peça publicitária for executada, com competência, por profissional experiente e com conhecimentos semióticos e psicossociológicos.

O poder de fixar a atenção e conseguir do consumidor uma rápida assimilação da mensagem está ligado intimamente à simplicidade da imagem, à sua precisão, ao destaque dado ao fator que mais interessa. Isto é, realçar e dar foco onde se centraliza a ideia que se pretende fixar. A cor mais forte nesse local, ou só utilizada nesse setor dentro de um campo neutro, tem a capacidade de ser um vigoroso estímulo produzido na retina e que possivelmente tem maior probabilidade de retenção.

Despertar a atenção de um indivíduo que lê, escuta ou vê constitui a proposição de venda que se encaminha para uma possível realização do ato de compra. O pensamento do criador publicitário deve permitir que este despertar da atenção se realize rápida e involuntariamente. É exatamente a provocação de um fenômeno psíquico, originado de uma improvisada sensação visual e registrada em nosso cérebro como um fenômeno de contraste.

O que mais interessa ao diretor de arte é, portanto, uma comunicação direta com o consumidor, chamando inesperadamente sua atenção para um detalhe motivacional, como a cor, que se fixa e se faz memorizar o mais rápido possível.

Essa reflexão foi apresentada pelo Prof. Modesto Farina já na primeira edição desta obra, e com ela concordamos plenamente. Nesta direção, somos remetidos ao brilhante trabalho de direção de arte da Agência DPZ para as peças do cigarro Carlton. Hoje proibida, a veiculação de anúncios de cigarros era uma constante nas revistas de grande circulação até o final da década passada.

Aqui fica clara a persuasão por meio da cor como um detalhe gráfico. Apesar do produto "politicamente incorreto", é quase impossível ao observador não ser sensibilizado pela imagem. Com uma linguagem gráfica diferenciada, onde elementos se fundem em um plano neutro, o vermelho da "borboleta Carlton" tem o poder de despertar a atenção do observador, mesmo daquele menos atento. Uma solução louvável para a comunicação de um produto complicado, em que qualidade e benefício são características de impossível defesa. E como resultado, por meio de uma linguagem gráfica surpreendente, o anúncio reforça o *status* elevado que caracteriza a marca.

É sabido que nossa atenção normalmente se fixa sobre um objeto de 2 a 10 segundos. O tempo, bastante curto, deve ser convenientemente apreciado e considerado. O diretor de arte deve procurar, por meio de um detalhe motivador interessante ou original, prolongar a atenção do receptor. Isso provocará um maior interesse pela mensagem e permitirá que o consumidor pense e decida a respeito do objeto que lhe é comunicado. Essa técnica de apresentar o contraste, isto é, a diferença entre o habitual e o imediato que se oferece aos sentidos, é o verdadeiro convite que predispõe voluntariamente o consumidor a conhecer a mensagem. A atenção, despertada involuntariamente, torna-se voluntária.

A boa colocação do elemento cor deve ter em conta a continuidade e a unidade nas particularidades da peça publicitária, inclusive quando

Figura 31
Anúncios cigarros Carlton: mini-malismo com elegância.

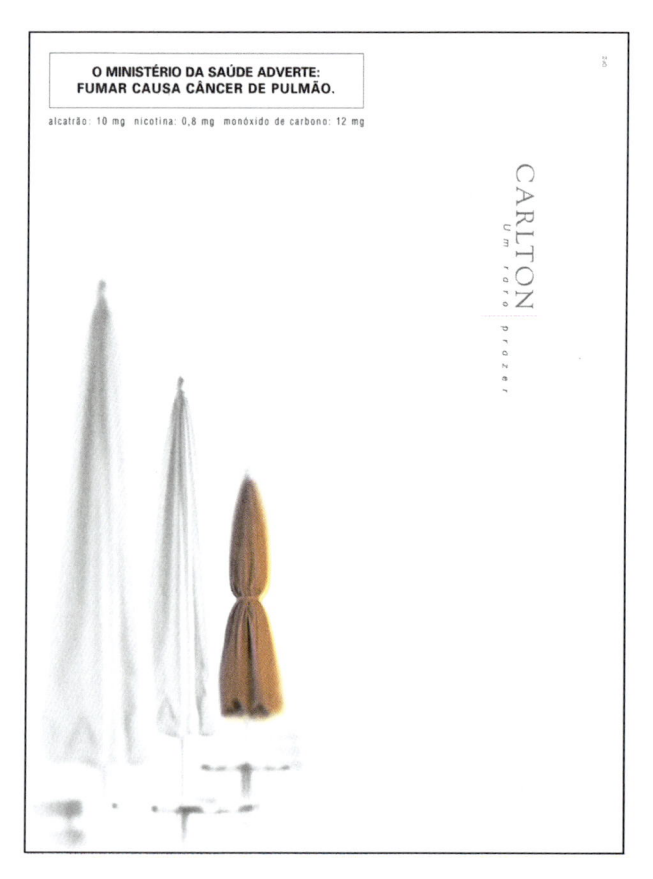

se pretende o uso de outras cores ou diferentes tons. É a prolongação da atenção, da motivação e do impacto que se busca. Não devemos nos esquecer de que a boa harmonia na colocação dos elementos sígnicos sempre evitará a fadiga da atenção.

Nossa visão não pode abranger e distinguir muitos detalhes ao mesmo tempo. Portanto, é aconselhável limitar-se a colocar nos anúncios uma média de três elementos motivacionais, pois com cinco ou seis motivos poderia haver dispersão da atenção decorrente da saturação do olhar. Com poucos elementos é fácil criar um *centro focal da atenção*. A continuidade e a unidade desses elementos serão fundamentais numa peça publicitária porque permitirão manter a atenção, pois, como outras manifestações anímicas, ela está sujeita a flutuações que podem causar cansaço e, consequentemente, desinteresse.

O contraste das cores contribui para aumentar o grau de atenção dos anúncios coloridos. Pelo adequado uso dos tons, a mensagem escrita também pode se tornar mais sensível, mais dramática e com a capacidade de ser lida mais rapidamente; aqui novamente cabem as considerações já apresentadas a respeito da capacidade comunicativa do texto por meio da cor.

Figura 32
Anúncios cigarros Carlton/DPZ.

Ter a máxima informação possível sobre aspectos persuasivos da cor na comunicação é fundamental no trabalho do diretor de arte. Assim como também é fundamental que ele tenha o máximo de informações sobre o público que deverá ser atingido pela mensagem. Mas comunicação não é ciência exata. Se passarmos um trabalho para cinco diretores de arte, com as mesmas informações, a probabilidade de recebermos de volta cinco *layouts* diferentes é grande. São vários os elementos que compõem uma peça de comunicação: a composição do layout, a tipografia, a imagem e, principalmente, seu aspecto cromático. Na verdade, em comunicação, não existe uma única solução para atingirmos um determinado objetivo. Deste modo, cada profissional colocará o "seu olhar", carregado de conhecimento e vivência, na solução de um problema de comunicação.

Um exemplo claro para essa afirmação foi o trabalho que a agência W/Brasil fez para a bebida "Absinto Lautrec" em 2001. Com um briefing "aberto", foram convidados grandes nomes da direção de arte para criarem pôsteres promocionais para a bebida. Com liberdade total

Figura 33
Pôsteres do Absinto Lautrec.

Marcello Serpa

Marcelo Giannini

para a criação, o resultado do conjunto foi excelente. O interessante do processo é que um forte ícone do produto é exatamente sua cor verde. Mas no processo criativo a liberdade foi tanta, que nem todos os diretores de arte utilizaram essa identificação imediata da cor com o produto. Em uma entrevista para este livro, Washington Olivetto, da W/Brasil, afirmou:

"Estes magníficos layouts dos pôsteres do Absinto Lautrec surgiram a partir do mesmo briefing: liberdade total".

Assim como um consumidor pode ter suas preferências cromáticas, o mesmo acontece com o diretor de arte. Características culturais, formação, experiências vividas, são alguns aspectos que podem influenciar a definição, pelo diretor de arte, do cromatismo de uma peça gráfica – logicamente, sem perder – de vista as informações do *briefing* que refletem os objetivos do cliente.

Figura 34
Pôsteres do Absinto Lautrec.

Erh Ray

Eduardo Martins

Francesc Petit

Helga Miethke

Figura 35
Pôsteres do Absinto Lautrec.

Dondis (1997:65) faz um comentário, do ponto de vista do consumidor:

"A cor não apenas tem um significado universalmente compartilhado através da experiência, como também um valor informativo específico, que se dá através dos significados simbólicos a ela vinculados. Além do significado cromático extremamente permutável da cor, cada um de nós tem suas preferências pessoais por cores específicas".

Se isso acontece – e sabemos que acontece – com o consumidor, com o diretor de arte não é diferente. Se em determinado trabalho existir uma liberdade no processo criativo, em relação à linguagem cromática o olhar do diretor de arte se voltará para suas preferências cromáticas que refletem toda a sua bagagem (experiencial e de pesquisa). Mas trabalhos com a liberdade exemplificada aqui, nas campanhas do Absinto Lautrec, são raros.

Se existe uma "arte publicitária", essa deve ser entendida como "arte aplicada". Diferentemente do artista plástico que se expressa em uma tela com dimensões por ele definidas, e onde coloca seu olhar e interpretação do mundo num processo absolutamente individual, na comunicação mercadológica a "arte publicitária" faz parte de uma estratégia de comunicação planejada a partir de um *briefing*, com dados que irão ditar diretrizes para as estratégias criativas.

Mas alguns trabalhos de comunicação crescem exatamente em função do *briefing*. Um exemplo interessante, e impossível de ser esquecido numa obra sobre cor na comunicação, é o trabalho da Agência Almap para as sandálias Havaianas. Na busca de um reposicionamento da marca Havaianas, em 1994, a São Paulo Alpargatas mudou o conceito do produto e também da comunicação, valorizando o consumidor e não mais as qualidades do produto, já tão reconhecidas.

As mudanças no marketing do produto enfocaram novos modelos e cores, que, associados a outras estratégias como distribuição, preço e embalagem, geraram uma nova interação do produto com o consumidor. Deixando de lado o *slogan* "Não têm cheiro, não deformam e não soltam as tiras", que foi usado durante 30 anos, a estratégia era criar um apelo menos racional e mais emocional. Mas de todas as ações implantadas nos processos de marketing, a inclusão de cores no produto foi fundamental para o sucesso de crescimento e sustentação da marca Havaianas.

Aqui, alguns exemplos do trabalho criado por Marcello Serpa/Almap, para anúncios das sandálias Havaianas. Na busca de transmitir glamour, modernidade e principalmente o lançamento de "novas cores", foram geradas peças criativas de alto poder persuasivo, que valorizaram a imagem do produto nos últimos anos. Este passou a ser desejado pelo

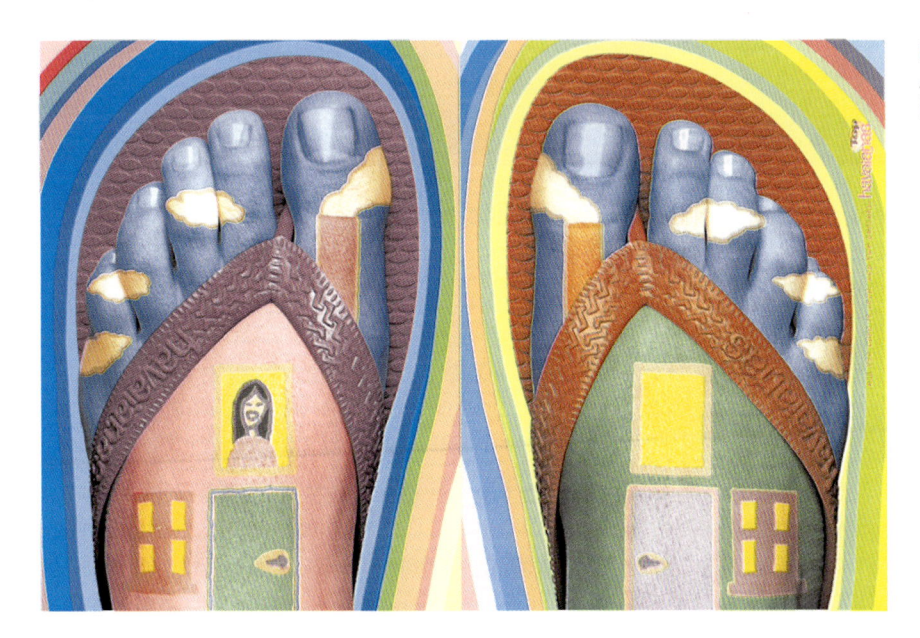

Figura 36
Anúncio das sandálias Havaianas.

Figura 37
Anúncios das sandálias
Havaianas.

consumidor, conquistando espaço na moda como um item clássico e cobiçado de vestuário. As sandálias Havaianas adquiriram o status mercadológico de moda.

Se no caso "Havaianas" a cor fazia parte do briefing, seria interessante olharmos outro trabalho onde a cor, a princípio, é coadjuvante. Uma das campanhas com maior índice de lembrança nos últimos anos, "Mamíferos", da Parmalat, fez um uso vitorioso do apelo emocional.

Criação do premiado Erh Ray, então diretor de arte da Agência DM9, com texto de Nizan Guanaes, as crianças vestidas de "bichinhos" emocionaram o país e valorizaram a marca Parmalat, estabelecendo o conceito "Porque nós somos mamíferos".

Uma proposta com forte diferencial na criação e com cuidados extremos nas imagens, característica do trabalho de Erh Ray. O fundo neutro das peças acaba gerando uma unidade visual na campanha. A sutileza com que o produto é colocado, valorizando a imagem lúdica da criança, causa um efeito persuasivo bastante positivo para a marca, resultando em uma proposta institucional.

E se observamos com atenção o conjunto, podemos concluir que a cor, que poderia sim ser coadjuvante, tem importância fundamental na criação do "clima emocional" intencionado na comunicação. A embalagem do produto se integra ao conjunto da imagem, porém se destaca pela inserção de matizes mais puros, numa combinação de cores extremamente agradável. Um trabalho que justificou todos os prêmios que recebeu em 1999.

Colocamos aqui apenas peças de comunicação com excelentes resultados gráficos. E são muitas as que nos impressionam e chamam a atenção, positivamente, no nosso dia a dia. Essa boa qualidade da comunicação é fruto de uma boa formação e um olhar atento dos profissionais que lidam com a criação. Saber lidar com os elementos da linguagem visual, principalmente com o seu elemento mais rico, a cor, é fundamental para o sucesso de estratégias de comunicação. Não

Figura 38
Anúncios do leite Parmalat.

Figura 41
Outdoor da Claro em Novo Hamburgo, Rio Grande do Sul, abril de 2006. Diversidade cromática contrastando com a cor branca e vermelha da identidade visual da Claro. Foto de Denise Bündchen.

Oportunidade – pode ser utilizada nos momentos mais precisos e ter a mensagem substituída logo que necessário;

Impacto – impressiona geralmente pelo tamanho e pela cor viva ou em contraste com a do local onde está colocado;

Memorização – como, em geral, passamos diariamente diante de vários exemplares do mesmo cartaz, o objeto anunciado tende a fixar-se na mente pela repetição;

Simplicidade – porque é uma mensagem concisa e breve, é facilmente compreendida.

Figura 42
Outdoor com novo modelo de carro da Toyota em Xangai, na China. Abril de 2006. O contraste cromático é obtido pela utilização da cor vermelha apenas no símbolo e nome da marca. Foto de Marcelo Bündchen.

Figura 43
Outdoor da Goodyear em Xangai, na China. Maio de 2006. Utilização cromática da identidade visual da marca. Foto de Marcelo Bündchen.

A ação essencial da mídia exterior é produzir impacto. Põe imediatamente em evidência o nome da coisa anunciada, a marca ou o produto, impondo-se logo aos olhos e potencialmente à atenção da massa.

De maneira geral, a fixação de "cartazes" implica na qualidade do meio publicitário, a multiplicidade dos locais empregados no espaço e no tempo.

Com a evolução técnica da mídia no país, com a valorização natural das alternativas de mídia, com a evolução técnica da mídia em todo o mundo, sabendo da importância que a marca exerce hoje num mercado extremamente competitivo e globalizado, com a consciência da necessidade na análise da relação da rentabilidade, da eficácia, da eficiência em qualquer processo de comunicação e que os meios extensivos podem, devem e potencialmente propõem um grande auxílio a esse trabalho, a mídia exterior vem conquistando espaço significativo, de grande importância no processo de comunicação.

Figura 44
Outdoor em Vila Nova de Gaia (vista desde o Porto) na margem do Douro em Portugal. 04 de maio de 2006. Cor como elemento didático: diferenças cromáticas das embalagens indiciam os diferentes tipos de cervejas Super Bock. Jogo visual: vermelho e branco da embalagem e identidade visual dando suporte ao outdoor. Foto de Clotilde Perez.

Aqui, gostaríamos de apresentar as palavras do Prof. Modesto Farina, que finalizavam as edições anteriores desta obra:

"O indivíduo está sujeito sempre às mudanças que, geralmente, se sucedem num período relativamente curto. Mudanças que se processam repentinamente devido a fatores socioeconômicos e que o obrigam a mudar eternamente, mesmo que fosse para uma melhoria de seu *status* social ou para sentir-se avançado e atualizado nos novos hábitos da moda. Mas, mesmo em toda essa *mutatio rerum* da sociedade de consumo em que vivemos os indivíduos procuram, por meio das cores, personalizar seus atos e dar um significado e um sentido às coisas.

O consumidor está praticamente envolvido numa corrida sem fim; ele se antecipa ao futuro, pois é a própria máquina (o grande complexo industrial moderno) que lhe oferece o tapete mágico para seu avanço.

O consumidor, talvez em futuro próximo, não sentirá mais o produto necessitado, pois ele e o produto constituirão um todo, fugaz e temporário.

E só ficará uma lembrança, uma recordação de prazer por uma simples cor que o acompanhou a vida inteira."

BIBLIOGRAFIA

ADLER, F. H. *Physiology of the Eye — Clinical Application.* St. Louis: Ed. IV Mosby, 1965.

AISERG, E. e DOURY, J. P. *La Television en Couleur?… C' est presque Simple*! Paris: Socie des Editions Radio, 1969.

ALBERS, J. *La Interacción del Color.* Madri: Alianza, 1988.

AMERICAN STANDARD METHODS OF MEASURING and SPECIFING COLOR. In *Journal of the Optical Society of America* 41 431, 1951.

AREAL, Zita. *Visual Mente: a Cor.* Porto: Areal Editores, 2001.

ARNHEIM, R. *Arte y Percepcion Visual.* Buenos Aires: Editorial Universitaria de Buenos Aires, 4ª ed., 1971.

AUMONT, J. *A Imagem.* Campinas: Papirus, 1993.

BAIRON, Sérgio. *Texturas Sonoras.* São Paulo: Hacker, 2005.

BAKER, K. E. Some variables influencing Vernier acuity: I. Illumination and exposure time. II. Wave-Length of illuminations. In *Journal of the Optical Society of America* 39, 567-576, 1949.

BAMZ, J. *Arte y Ciencia del Color.* Barcelona: Arte, 1976.

BARBIERI, A. *La Estetica de la Vision y del Color.* Buenos Aires: Anic Lopes, 1938.

BARROS, Lilian R. M. *A Cor no Processo Criativo. Um Estudo sobre a Bauhaus e a Teoria de Goethe.* São Paulo: Senac, 2006.

BENHAM, C. E. The Artificial Spectrum Top. In *Nature* 51, 200, 1894.

BIRREN, F. *Functional Color.* Nova York: The Crimson Press, 1962.

BIRREN, F. *People who Think in Color.* In *Science Digest,* novembro de 1950.

BIRREN, F. *Selling with Color.* Nova York: McGraw-Hill, 1945.

BOLL, M. & DOURGNON, J. *Le Secret des Couleurs.* Paris: Presses Universitaires de France, 1948.

BOUMA, P. *Les Couleurs et Leur Perception Visuel.* Paris: Dunod, 1949.

BRANCO, Lucia & BRANDÃO, Ruth (orgs.) *A Força da Letra.* Belo Horizonte: UFMG, 2000.

BREWSTER, A. J., PALMER, H. H. & INGRAHAM, R. G. *Introduction to Advertising.* Nova York: McGraw-Hill, 1954.

BRUSATIN, M. *História de los Colores.* Barcelona: Paidós, 1987.

BURNHAM, R. W. *The Dependence of Color upon Area.* In *American Psychologist* 4, 230 ,1949.

BURTT, H. *Psychology of Advertising.* Nova York: Houghton Mifflin, 1939.

_____ . *Ecologia e Biomidiologia.* São Paulo: Plêiade Editorial, 2002.

CALAZANS, Flávio. Midiologia Subliminar Marketing. In *Revista Líbero.* Ano III, v. 3, nº 5, 2000.

CALVER, Giles. *Qué es el Packaginig?* Madrid: GG, 2004.

CARRIÓ, J. V. *Creación de Folletos y Impresos Atractivos.* Barcelona: Juan Bruguer, 1954.

CHIANCONI, E. *Mecanismo Prodigioso. La visión.* Buenos Aires: Col. Eruditus, 1947.

COFER, C. N. & APPLEY, M. H. *Psicologia de la Motivacion. Teoria y Investigación.* México: Trillas, 1971.

COLOR HARMONY MANUAL. *Container Corporation of America,* Chicago: 1942, 1948.

COMMITTEE ON COLORIMETRY OPTICAL SOCIETY OF AMERICA. The Science of Color, Thomas Y. Crowel Company, Nova York, 1953.

COMO, A. J. *Psicopublicidad Dinâmica.* Barcelona: Hispano-Europea, 1965.

CONNOR, M. *Introducing Fabric Collage.* London: B. T. Batsford, 1969.

CORAZZA, Sonia. *Aromacologia, uma ciência de muitos cheiros.* São Paulo: Senac, 2002.

CUYTON, A. C. *Tratado de fisiologia médica.* Rio de Janeiro: Guanabara Koogan, 1969.

DANGER, E. P. *A Cor na Comunicação.* São Paulo: Forum, 1973.

DARREL, L. B. & BRITT, S. H. *Advertising Psychology and Research.* Nova York: McGraw-Hill, 1950.

DÉRIBÉRÉ, M. *La Couleur,* Coleção "Que sais-je?". Paris: Presses Universitaires de France, 1966.

DERIBÉRÉ, M. *La Couleur dans la Publicité et la Vente.* Paris: Dunod, 1969.

DÉRIBÉRÉ, M. *La Couleur dans les Activités Humaines.* Paris: Dunod, 3ª ed., 1968.

DOGLIANI, P. & SENINI, G. Principi e Problemi di Psicologia Clinica del Colore. In *Rassegna di Studi Psichiatrici* 51, 1, 1962.

DONDIS, A. DONIS. *Sintaxe da Linguagem Visual*. São Paulo: Martins Fontes, 1997.

DORFLES, G. *Símbolo, Comunicacion y Consumo*. Barcelona: Lumen, 1967.

DUNN, S. W. *Publicidad*. México: UTEHA, 1967.

ECO, Umberto. *Apocalípticos e Integrados*. São Paulo: Editora Perspectiva, 1970.

EHRENZWEIG, A. *A Ordem Oculta da Arte*. Rio de Janeiro: Zahar, 1969.

EVANS, R. M. Light Sources and Colored Objects. In *Illuminating Engineering* 44, 47-54, 1949.

FABRIS, S. & GERMANI, R. *Color*. Barcelona: Don Bosco, 1973.

FARINA, M. *Psicodinâmica das Cores em Publicidade*. São Paulo: Edgard Blücher/Universidade de São Paulo, 1975.

FAVRE, & NOVEMBER. *Color and und et Communication*. Nova York, 1979.

FÉRE, C. *Sensation et Mouvement*. Paris: PUF, 1960.

FERRARESI, Mauro. *Il Packagingi. Oggetto e Comunicazione*. Roma: FrancoAngeli, 2003.

FORGUS, R. H. *Percepção*. São Paulo: Editora Herder/Universidade Federal de Brasília/Editora da Universidade de São Paulo, 1971.

FREUD, S. *Obras Completas*. Madrid: Aguilar, 1960.

GALIFRET, Y & PIÉRON, H. "Les specificités de persistance des impressions chromatiques fondamentales". In *Revue d'Optique* 28, 154-156, 1949.

GALLO, M. *Manifesti nella Storia e nel Costume*. Milão: Amoldo Mondadori, 2ª ed., 1973.

GIOVANNETTI, Ma. Dolores. *El Mundo del Envase*. México: GG, 2003.

GONÇALVES, A. *Vermelho. Poesia*. São Paulo: Ateliê Editorial, 2000.

GRAVES, M. *Color Fundamentals*. Nova York: McGraw-Hill, 1952.

GREGORY, R. L. *Olho e Cérebro*. Rio de Janeiro: Zahar, 1979.

GROM, E. *Sensaciones Visuales*. Universidad Central de Venezuela: Caracas, 1972.

GROPIUS, W. *Bauhaus — Nova Arquitetura*. São Paulo: Perspectiva, 1971.

GUILLAUME, P. *Psicologia da Forma*. São Paulo: Companhia Editora Nacional, 1960.

NEWTON, I. *Opticks: For a Treatise os the Reflections, Refractions, Inflections & Colors of Light.* Nova York: Dover, 1979.

_____ . *Óptica.* São Paulo: Edusp, 1996.

OSTWALD, W. *Color Science,* Vols. I e II. Londres: Winsor and Newton, 1931-1933.

OYAMA, T., TANAKA, Y. & CHIBA, Y. *Affective Dimension of Colors: A Cross-Cultural Study,* 1962.

PASTOUREAU, M. *Dicionário das Cores do Nosso Tempo.* Lisboa: Estampa, 1997.

PAWLOV, I. P. *Los Reflejos Condicionados.* México: Pawlov, 1970.

PEDROSA, I. *Da Cor à Cor Inexistente.* Rio de Janeiro: Léo Christiano Editorial, 1978.

_____ . *O universo da Cor.* Rio de Janeiro: Senac, 2003.

PEREIRA, A. *Tipos.* Rio de Janeiro: Quartet, 2001.

PEREZ, A. *Mídia Exterior.* In PEREZ, C. & BARBOSA, I. (orgs.) *Signos da Publicidade.* São Paulo: Thomson Learning (no prelo).

_____ . Semiótica Peirceana da Marca. In LENCASTRE, P. (org.) *O Livro da Marca.* Lisboa: DonQuixote, 2006.

PEREZ, C. *Signos da Marca. Expressividade e Sensorialidade.* São Paulo: Thomson Learning, 2004.

PEREZ, C. & BARBOSA, I. S. (orgs). *Signos da Publicidade.* São Paulo: Thomson Learning, (no prelo).

PILLET, A. *Les Grandes Marques,* Coleção "Que sais-je?". Paris: Presses Universitaires de France, 1962.

PLANCUS, J. *Le malattie si curano anche con i colori.* In *La Domenica del Corriere,* A. 54, nº 13, Milano, 1952.

RHYNE, J. *A Experiência da Arte Gestalt.* Rio de Janeiro: Zahar, 1973.

RICCIARDI, A. *O Verde (Algumas Notícias da Cor).* São Paulo: Impressão Gráfica Emir, 1958.

ROCHA, C. *Projeto Tipográfico. Análise e Produção de Fontes Digitais.* São Paulo: Rosari, 2002.

RORSCHACH, H. *Psicodiagnóstico.* Buenos Aires: Paidós, 1961.

ROUSSEAU, R. L. *A Linguagem das Cores.* São Paulo: Pensamento, 1993.

RUDOLPH, H. *How Are Size, Color, Bleed Related to Attention and Readership?* Nova York: Printers' Ink, 14, 11-47, p. 44, 1974.

SANDAGE, C. & FRIBURGER, V. *El impacto Publicitário.* Barcelona: Hispano Europea, 1970.

SCHACHTEL, E. G. *On Color and Affect.* In *Psychiatry,* Vol. 6. Nova York, 1943.

SCHOPENHAUER, A. *La Vista i Colori: e Conteggio com Goethe.* Milão: Se, 1993.

SCIENTIFIC AMERICAN. *Psicobiologia. As Bases Biológicas do Comportamento.* Editora Polígono/Editora da Universidade de São Paulo, 1970.

SPINALT, C. M. *Técnica e Psicologia da Propaganda Moderna.* São Paulo: Livraria Exposição do Livro, 1975.

STARCH, D. *Principles of Advertising.* Chicago, 1976.

STRUNCK, Gilberto. *Como Criar Identidades Visuais Para Marcas de Sucesso.* Rio de Janeiro: Rio Books, 2001.

SUMMER, F. C. Influence of Color on Legibility of Copy. In *Journal of Applied Psychology,* 1932.

TINKER, M. A. & PATERSON, D. C. "The Effect of Variations in Color of Print and Back-ground on Legibility". In *Journal of General Psychology,* 1932.

TISKI-FRACKOWIAK, I. *Homem, Comunicação e Cor.* São Paulo: Ícone, 1997.

VASCONCELOS, P. R. *O Readymade na Publicidade.* Dissertação de mestrado – FAU-USP, 2005.

WEAVER, K. S. A Provisional Standard Observer for Low Level Photometry. In *Journal of the Optical Society of America* 39, 278, 1949.

WITTGENSTEIN, L. *Anotações Sobre as Cores.* Lisboa: Edições 70, 1980.

_____ . *Tratado Lógico-Filosófico - Investigações Filosóficas.* Lisboa: Fundação Calouste Gulbenkian, 1995.

YOUNG, P. T. *Motivation and Emotion. A Survey of the Determinants of Human and Animal Activity.* Nova York: Wiley, 1961.